# SAUVEGARDER LES INTÉRÊTS NATIONAUX EN AFRIQUE

*Une étude des menaces économiques et de leurs implications sur la souveraineté des États Africains.*

## Collection « Études africaines »

*dirigée par Denis Pryen et son équipe*

Forte de plus de mille titres publiés à ce jour, la collection « Études africaines » fait peau neuve. Elle présentera toujours les essais généraux qui ont fait son succès, mais se déclinera désormais également par séries thématiques : droit, économie, politique, sociologie, etc.

**Dernières parutions**

Debeau MUNAYENO MUVOVA et Didier PIDIKA MUKAWA, *Covid-19 au Congo-Kinshasa, Représentations sociales et gestion publique au cœur d'une crise sanitaire*, 2021.

Safiatou DIALLO, *Politiques de santé en Guinée, de la colonisation au début du XXI^e^ siècle*, 2021.

Gaptia LAWAN KATIELLOU, Vieri TARCHIANI et Maurizio TIEPOLO (dir.), *Risque et adaptation climatique dans la région de Dosso au Niger*, 2021.

Joël IPARA MOTEMA, *Maladie et quête de sante en République démocratique du Congo*, 2021.

Julien IRUMU AGOZIA-KARIO, *Spiritualité logo au contact de la colonisation*, 2021.

NIAMKEY-KOFFI, *La notion de système philosophique. Spinoza et Nietzsche*, 2021.

Mylène DANGLADES, Babou DIÈNE et Denis Assane DIOUF (dir.), *L'esclavage en mots/maux et en images*, 2021.

Benjamin KAGINA SENGA, *Quelle protection pour les enfants déplacés et refugiés non accompagnés en République démocratique du Congo ?*, 2021.

Christian ROCHE, *Les pionniers des indépendances africaines face à leur destin. Colonies françaises d'Afrique noire et territoires de l'océan Indien*, 2021.

Emmanuel KABONGO MALU, *La critique de la raison scientifique égypto-africaine chez Cheikh Anta Diop*, 2021.

NIAMKEY-KOFFI, *Philosophie, culture et développement. De l'esthétique nègre à l'impensé philosophique des langues*, 2021.

Amadou Lamine NDIAYE, *Julius Nyerere et l'édification d'une nation africaine. Ujamaa : panafricanisme et socialisme*, 2021

Dr Etienne Fakaba SISSOKO – Khalid DEMBELE – Ballan DIAKITE

# SAUVEGARDER LES INTÉRÊTS NATIONAUX EN AFRIQUE

*Une étude des menaces économiques et de leurs implications sur la souveraineté des États Africains.*

L'Harmattan

**5-7, rue de l'École-Polytechnique 75005 Paris**

http://www.librairieharmattan.com

ISBN : 978-2-343-24537-9
EAN : 9782343245379

*« L'époque où l'Afrique mettait ses problèmes sur le compte du passé est aujourd'hui révolue. Il nous appartient désormais de faire table rase de ce passé, avec le concours de ceux qui sont disposés à s'associer à cette renaissance du continent. Nos dirigeants de la nouvelle génération savent que nous devons prendre en main notre propre destinée et que nous nous extirperons de nos problèmes uniquement grâce à nos propres efforts, en partenariat avec ceux qui nous veulent du bien. »*

**—Nelson Mandela, Prix Nobel de la paix**

**Résumé** : Dans ce travail, nous essayons d'analyser les intérêts nationaux des pays du continent Africain dans un contexte de mondialisation, ou s'imbriquent les problématiques relatives à la politique internationale, l'économie notamment, les investissements directs étrangers, l'aide publique au développement, l'universalisme culturel, l'immigration, la fuite des cerveaux, la santé, l'extrême pauvreté, l'insécurité et l'extrémise violent et ses conséquences en termes de chômage, nos rapports avec les groupes de pressions que sont les institutions internationales et ONG.
Dans un premier temps, l'analyse nous a permis de mettre l'accent sur la gestion de la terre en Afrique, premier secteur porteur de la plupart des économies du continent, l'Agriculture intensive que font les multinationales étrangères avec l'utilisation des OGM et leur conséquence sur la souveraineté nationale.
Ensuite, dans nos investigations, nous sommes arrivés au constat que des phénomènes comme le chômage, la rébellion, les guerres civiles, le terrorisme avec leur implication économique, les fuites de capitaux constituent des menaces graves pour la stabilité et le maintien de la souveraineté. Mais aussi, des accords et traités commerciaux mal coordonnées, la perte de l'identité culturelle, la corruption systémique, constituent d'une part des sources de fragilité des balances commerciales des pays africains et, d'autre part, des sources de déstabilisation de l'organisation institutionnelle. Enfin, une étude a été consacrée aux programmes d'ajustement structurels en tant que menace pour la souveraineté nationale et leur conséquence sur la fonction que doit jouer les États dans la régulation des économies Africaines. En somme, l'intérêt national doit, à plusieurs niveaux (économique, politique, culturel), être aujourd'hui, plus que jamais une préoccupation majeure des États africains, puisque c'est l'existence et la pérennité du continent qui se découvrent en question. Le concept demeure cependant sans contenu fixe dans la mesure où, l'intérêt national est, dans sa détermination et dans sa conduite, ce que les hautes autorités politiques auront décidé comme tel.

***Mots clé*** *: Intérêt national ; BM : Banque Mondiale ; CEMAC : Communauté économique et monétaire de l'Afrique centrale ; FMI : Fonds Monétaire International ; FAO : Organisation des Nations unies pour l'alimentation et l'agriculture ; MINUSMA : Mission multidimensionnelle intégrée des Nations unies pour la stabilisation au Mali ; ONU : Organisation des Nations Unies ; OMS : OGM : Organisme Génétiquement Modifié.*

**Abstract:** In this work, we try to analyze the national interests of the countries of the African continent in a context of globalization, or intertwine the problems relating to international policy, the economy in particular, foreign direct investment, official development assistance, cultural universalism, immigration, brain drain, health, extreme poverty, insecurity and extreme violence and its consequences in terms of extreme violence and its consequences in terms of unemployment , our relationship with the pressure groups of international institutions and NGOs. First, the analysis allowed us to focus on land management in Africa, the main sector that supports most of the continent's economies, the intensive agriculture that foreign multinationals do with the use of GMOs and their impact on national sovereignty.

Then, in our investigations, we have come to the realization that phenomena such as unemployment, rebellion, civil wars, terrorism with their economic involvement, capital flight are serious threats to stability and the maintenance of sovereignty. But also, poorly coordinated trade agreements and treaties, the loss of cultural identity, systemic corruption, are on the one hand sources of fragility in the trade balances of African countries and, on the other hand, sources of destabilization of the institutional organization. Finally, a study was devoted to structural adjustment programmes as a threat to national sovereignty and their impact on the role that states must play in regulating African economies. In short, the national interest must, on several levels (economic, political, cultural), be today, more than ever a major concern of African states, since it is the existence and sustainability of the continent that are revealed in question. The concept, however, remains without fixed content, since the national interest is, in its determination and conduct, what the high political authorities will have decided as such.

**Keywords**: National interest ; BM : World Bank ; CEMAC: Central African Economic and Monetary Community ; IMF: International Monetary Fund ; FAO : United Nations Food and Agriculture Organization ; MINUSMA ; UN : United Nations ; WHO : GMO : Genetically Modified organism.

# TABLE DES MATIÈRES

## SIGLES ET ABREVIATIONS

**CRAPES :** Centre de Recherche d'Analyses Politiques Économiques et Sociales du Mali

**INTEC SUB :** Institut Supérieur des Techniques Économiques Comptables et Commerciales

**ENETP-KABALA :** École Normale d'Enseignement Technique et Professionnel

**BM :** Banque Mondiale

**CEMAC :** Communauté Economique et Monétaire Internationale de l'Afrique Centrale

**FMI :** Fonds Monétaire International

**FAO :** Organisation des Nations Unies pour l'Alimentation et l'Agriculture

**MINUSMA :** Mission Multidimensionnelle intégrée des Nations Unies

**OMS :** Organisme Génétiquement Modifié

## INTRODUCTION GENERALE

L'Afrique reconnue comme l'avenir de la croissance mondiale, accuse pourtant encore du retard par rapport aux autres régions du monde dans le domaine du développement économique et social. En effet, les pays africains font face à une multitude de péripéties, qui, soit, constituent de véritables menaces contre la souveraineté de ses États, soit constituent une des causes de l'affaiblissement de la souveraineté nationale.

Alors que dans de nombreux pays, les taux de pauvreté ont baissé, l'Afrique reste la seule région où le nombre de pauvres continue d'augmenter. Comparé aux autres régions, le continent peine à réaliser ses objectifs et affiche de piètres résultats en matière d'indicateurs de développement social, comme la mortalité infantile et maternelle, l'accès aux services d'infrastructure sociale tels qu'une source améliorée d'eau potable et des installations sanitaires modernes. Encore en 2019, seulement 65% des africains ont accès à une source d'eau améliorée et 526 millions d'entre eux sont privés d'installations sanitaires améliorées (ONU, 2018).

Les inégalités de plus en plus croissantes, l'écart entre les zones rurales et urbaines est important, avec 84 % de la population africaine qui n'a pas accès à l'eau potable dans les zones rurales[1]. On observe une disparité flagrante

1 Salami et al., 2019

en matière d'accès à ces services en fonction du revenu, avec seulement 60 % des ménages les plus démunis dans les zones urbaines ayant accès à l'eau et aux installations sanitaires, contre 90 % pour les ménages les plus riches. Dans les zones rurales, un tiers seulement des ménages les plus pauvres a accès à ces services (OMS, 2018). À l'évidence, l'accès aux infrastructures sociales de base représente encore un défi majeur en Afrique.

L'incapacité de la majorité des pays africains à atteindre et conserver des niveaux élevés de croissance dans le passé explique en grande partie la lenteur des progrès dans le domaine du développement social. La croissance s'est avérée erratique dans de nombreux pays africains, voire anémique dans certains. Il est donc clair que pour vaincre la pauvreté en Afrique et améliorer l'accès aux infrastructures sociales modernes, il est crucial d'accélérer la croissance et de la maintenir à un niveau élevé sur une longue période.

Pourtant, estimé à 3,5 pc en 2018, le produit intérieur brut africain a connu une hausse par rapport à 2016 où il était de 2,1%. La croissance du PIB pour le continent devrait s'accélérer à 4% pour atteindre 4,1 % en 2020.

Sur le plan politique, institutionnel et sécuritaire, s'il y a eu plusieurs évolutions positives en Afrique de l'Ouest et au Sahel au cours des deux dernières années, notamment sur le plan électoral, on a observé une montée de l'insécurité et une certaine instabilité politique dans plusieurs pays de la région, notamment la recrudescence des attaques de Boko Haram dans le bassin du lac Tchad et l'insécurité chronique au sahel qui compliquent la tâche de gouvernements déjà aux prises avec de graves problèmes socioéconomiques.

Sur le plan de la lutte contre la corruption, la carte établie par Transparency International selon l'indice de perception de la corruption[2], l'Afrique s'affiche en écarlate, signe que la situation y demeure très critique. Malgré l'annonce en grande pompe de l'Union Africaine à désigner 2018 comme l'année pour *« gagner la lutte contre la corruption »*, le rapport 2018, montre que le continent est la région du monde qui enregistre les plus mauvais scores avec une moyenne africaine de 32, contre 43 au niveau mondial sur 100.

Sur le plan climatique, l'Afrique reste l'une des régions du monde les plus vulnérables au changement climatique. L'impact souvent désastreux de la variabilité´ et des extrêmes climatiques au cours des trente dernières années est une bonne illustration mais aussi un des signes avant-coureurs de cette vulnérabilité´.

Par ailleurs, le continent possède 60 % des terres arables inexploitées de la planète et, aujourd'hui, les plantes transgéniques totalisent moins de 3% de ses surfaces cultivées, soit 4 millions d'hectares, contre 70 millions aux États Unis et 66 millions en Amérique latine. Certains rapports qualifient même l'Afrique de *« dernière frontière*

---

**2** « C'est un indice composite, un sondage de sondages, faisant appel à des données sur la corruption tirée de sondages d'experts réalisés par divers organismes indépendants. Il reflète des points de vue du monde entier, dont celui des experts qui résident dans les pays évalués ». transparency-france.org

» en matière d'organismes génétiquement modifiés[3]. Si ce potentiel est incontestable, l'Afrique reste en proie au développement des OGM, qui, de plus en plus, deviennent un problème de santé publique et de survie nationale.

Dans ce contexte, comment arriver à préserver et sauvegarder la souveraineté économique de nos États, si l'on sait que l'instabilité politique dans les pays, les rapports plus que conflictuels avec les groupes de pressions et organismes internationaux, le développement de la corruption, de l'extrémise violent, la faible accumulation de capital humain, la fuite des capitaux, l'extrême pauvreté, entre autres, constituent le quotidien des pays africain.

Dans cet ouvrage, notre objectif est de dégager un tableau synoptique des menaces qui pèsent sur la souveraineté de nos États d'un point de vue économique d'une part, les raisons de cette perte de souveraineté ainsi que leurs implications économiques, d'autre part. Il s'agira de démontrer à travers des exemples précis que les entreprises multinationales dans leur compétition pour la gestion des ressources naturelles, les relations de nos États avec les groupes de pressions que sont les institutions de Brettons WOODS, les ONG, dont le rôle essentiel reste l'accompagnement des pays tiers dans leur processus de développement, les politiques nationales mal ficelées, sont entre autres des menaces potentielles pour la souveraineté de nos États[4].

---

**3** Jeune Afrique : « OGM : l'Afrique à tout prix », 12 Mai 2016.

**4** Nous avons fait le choix d'ignorer les questions monétaires, objet d'une prochaine publication

1ère PARTIE

# INTÉRÊT NATIONAL, SES COMPOSANTES, ENJEUX ET DÉFIS

# CHAPITRE I: **DU CONCEPT DE L'INTÉRÊT NATIONAL ET SES COMPOSANTES**

## SECTION I : **TENTATIVE DE DÉFINITION DE L'INTÉRÊT NATIONAL**

Comme évoqué plus haut, de nos jours, **l'intérêt national** se situe au cœur de la politique étrangère des États. Ceux-ci définissent, déterminent et conduisent la nature de leur relation avec le monde extérieur, conformément aux priorités et aux enjeux de la politique intérieure nationale. L'intérêt national fixe, dès lors, les principes de base qui doivent encadrer la politique étrangère des États. En ce sens, sa détermination est par excellence du ressort des décideurs politiques qui, par le biais des outils comme la diplomatie, les politiques nationales, veillent à sa préservation, sa protection ainsi que sa promotion à l'échelle internationale.

En cela, la sauvegarde de l'intérêt national renvoie à la capacité des acteurs politiques à pouvoir défendre et ou imposer des choix ou préférences considérés d'ordre national, dans leurs rapports avec le reste du monde.

Lorsque l'on évoque l'intérêt national, l'un des premiers reflexes est de songer à sa défense contre les menaces de tout ordre : expansionnisme des puissances, prédations des ressources, terrorisme, troubles politiques internes ou externes, revendications indépendantistes ou irrédentistes etc..

Or depuis une quinzaine d'années, le changement climatique a fait irruption dans le champ de la réflexion stratégique notamment en raison des risques et des menaces sur la stabilité et la sécurité des États. Le changement climatique est un enjeu global à double titre : sur le plan géographique, les émissions de gaz à effet de serre n'ayant pas de frontière ; au sens littéral d'autre part puisqu'il s'agit d'un problème transversal, économique, environnemental, social, sanitaire et surtout politique en raison des questions et des difficultés qu'il soulève autour des mesures à mettre en œuvre pour lutter contre ses conséquences. Or par définition, l'intérêt national n'est pas global, les deux qualificatifs seraient même antagonistes : l'on parle d'égoïsmes nationaux et de biens publics globaux ou mondiaux.

Si la pertinence de la notion d'intérêt national peut être débattue, elle reste néanmoins largement présente dans les discours des États, chacun s'attachant

La reconnaissance et l'affirmation d'un intérêt global apparaissent de plus en plus comme la réponse appropriée pour répondre aux immenses défis posés par les changements climatiques.

L'histoire contemporaine des États africains est liée aux processus de décolonisation des années 1950-1960. Le lien colonial a imprimé sa marque sur la perception et la compréhension de certaines élites africaines notamment sur la mise au point de l'architecture institutionnelle et la notion de l'intérêt national. Cependant, des changements importants sont intervenus dans les rapports de force entre les puissances extérieures, dans la construction des organisations continentale et sous régionales et dans les équipes dirigeantes des États africains. La notion d'intérêt national qui, à l'indépendance, a été marquée par un partage de compétences entre l'État et la communauté française, connait une évolution des préoccupations autour de la défense de la souveraineté

L'évolution pacifique ou brutale des relations avec l'ancien colonisateur a eu un impact sur le contenu de la notion de l'intérêt national en Afrique ainsi que le rôle des principaux acteurs de sa protection et sa promotion. On peut estimer qu'il y a deux étapes dans la construction et la formalisation de la notion d'intérêt national. Elles correspondent à des types de menaces et de risques auxquels les États ont dû faire face. Ces types de menaces sont assez similaires dans leurs fondements même s'ils évoluent dans un environnement politique, social, économique et international et stratégique assez contrasté.

Au départ, la notion semblait corréler aux préoccupations de sécurité extérieure et de sécurité intérieure dans le cadre de la mise en place des institutions fondamentales de l'État et dans un environnement international marqué par la décolonisation et la bipolarité des relations entre les nations. Dans les années 1980-1990, la perception de l'intérêt national reflète davantage des préoccupations économiques et financières et s'appuie sur un discours idéologique toujours marqué par l'allégeance aux deux blocs.

Ensuite, à partir des années 1990, avec la disparition du système bipolaire et l'émergence de nouveaux régimes issus des mouvements démocratiques, la notion d'intérêt national fait appel à la qualité de la gouvernance notamment le fonctionnement responsable des institutions nationales en termes de prise en charge des attributs de l'État souverain et représentatif et de droit.

Pour les pays africains dont la plupart sont confrontés à des problèmes de développement, l'intérêt national est conçu et s'édifie autour des intérêts fondamentaux de l'État en Afrique, notamment dans le domaine de la politique, de l'économie et de la sécurité. Dans un contexte de mondialisation marquée par l'ouverture des frontières et la compétitivité des économies nationales impose aux États africains, l'absolue nécessité de défendre leur « **identité culturelle** » ; leur « **intégrité territoriale** » et leur « **sécurité nationale** ». Ces trois éléments constituent le triptyque formant l'ossature de l'intérêt national des États en Afrique auxquels il convient d'ajouter la promotion des « **intérêts économiques** ».

Avant de procéder à l'identification des menaces sur les intérêts nationaux des États africains, il convient de s'intéresser aux acteurs intervenants dans la définition des politiques nationales et étrangères de nos États. En effet, sont considérés comme acteurs de la politique étrangère toute personne, organisme, ou association ayant un rôle dans la détermination et la conduite de la politique étrangère ou exerçant une influence sur celle-ci, les acteurs nationaux, sont ceux, qui, au plan national, jouissent des mêmes prérogatives. Ainsi, ils peuvent être soit des acteurs publics, soit privés ou relevant des organismes internationaux.

Ainsi, les acteurs de la politique étrangère sont par excellence les décideurs politiques. Le Président de la République ; le Premier Ministre ; le Ministre des affaires étrangères ; les ambassadeurs sont traditionnellement les personnalités publiques disposant d'autorités légales pour engager le pays dans des accords internationaux. Ils sont reconnus d'être les artisans de l'idéologie et de l'orientation imprimées à la politique extérieure de l'État.

- **Les acteurs privés,** ce sont les opérateurs économiques, les médias, les ONG qui interviennent dans l'orientation et la conduite de la politique étrangère des États. La politique de symétrie adoptée par Trump pour taxer le vin français en réponse à la taxe GAFA[5] témoigne fort bien de l'importante influence que les opérateurs multinationaux sont en mesure d'exercer sur l'orientation de la politique étrangère d'un État. En cela, le rôle des médias est considérable pour la construction d'une opinion nationale et internationale favorable à la politique de l'État au plan international. En France, les réseaux AFP et Radio France Internationale sont des outils à part entière de la politique extérieure de la France, surtout en ce qui concerne l'Afrique.
- **Quant aux partenaires économiques et financiers,**

---

5 Taxe relative aux entreprises du service numérique (publicité ciblée en ligne, vente de données personnelles à des fins publicitaires et des activités de plateformes d'intermédiation). GAFA traduit les quatre plus grandes entreprises de l'internet : Google, Apple, Facebook et Amazon.

**ils agissent** de manière très dynamique sur la détermination des priorités des États, tant dans le domaine de la politique intérieure qu'extérieure. Les conditionnalités imposées par ces structures internationales renforcent l'influence qu'elles exercent sur l'orientation des politiques étrangères des États africains. Ces conditionnalités, le plus souvent en contradiction avec les exigences de la réalité nationale, présentent à bien des égards des menaces pour l'intérêt national car ne répondant pas aux besoins profonds des populations locales.

La compréhension des acteurs qui influencent les politiques des États nous amènent à l'identification des principales menaces sur la souveraineté de nos États. **Pour les besoins de notre étude, nous axerons notre développement sur les questions économiques qui influent et menace la souveraineté des pays africains.**

## SECTION II : **LES DÉFIS LIÉS À LA DÉFINITION DE L'INTÉRÊT NATIONAL DES PAYS AFRICAINS**

A la décharge des États et dirigeants africains, on peut concéder que la définition de l'intérêt national est d'une extrême complexité même pour un seul pays surtout quand elle vise un ensemble d'États.

L'intérêt national est-il défini exclusivement par les textes fondamentaux notamment constitutionnels et /ou le droit international ou est-il déterminé par la pratique des États et des dirigeants politiques uniquement motivés par leurs inspirations personnelles ? doit-on considérer qu'il n'y a pas des règles rigides qui gouvernent la défense de l'intérêt national. On le constate, hors le cas où le droit international reconnait le pouvoir de tout État membre d'exercer sa pleine souveraineté sur le territoire ou vit sa population, on voit émerger une multitude de formes que peuvent recouvrir la reconnaissance et l'exercice de ce droit et de ce pouvoir. Chaque État déterminera en fonction de sa vision de l'environnement international, les objectifs prioritaires consacrant son intérêt national. Cet intérêt national, au singulier pour les uns, peut être considéré comme pluriel pour les autres et comporter une hiérarchie des priorités.

## A. UN RÉFÉRENTIEL JURIDIQUE ET POLITIQUE DE L'INTÉRÊT NATIONAL DANS LES ÉTATS AFRICAINS

Les Constitutions en Afrique, dans l'ensemble, ignorent en effet la notion d'intérêt national, expression qui n'apparaît en tant que tel. Le président de la République se voit attribuer la charge de la garantie de « l'indépendance nationale, de l'intégrité du territoire […] ». Il s'agit bien là d'intérêts qui lui sont confiés, mais d'un caractère trop générique. On s'attendrait à ce que le « gouvernement [qui] détermine et conduit la politique de la nation », ce dont « il est responsable devant le Parlement » se voit assigner, dans cette conduite, la garde d'intérêts nationaux plus concrets, mais rien n'en est dit. De même pourrait-on penser que le contrôle parlementaire vise à maintenir la politique gouvernementale dans la préservation de ces intérêts, mais là encore, le texte est muet.

Dans les titres consacrés à « De la souveraineté »), des articles définissent des principes qui peuvent être considérés comme des intérêts essentiels de la Nation – le gouvernement du peuple, par le peuple et pour le peuple, l'égalité entre les citoyens, le refus de toute discrimination entre les personnes. Ces principes politiques comme l'interdiction de remise en cause de la forme républicaine et laïque de l'État ou de tout coup d'État, peuvent être regardés comme des éléments de l'intérêt national. Mais ces biens, outre qu'ils sont idéaux, n'en sont que des éléments internes. **Or, c'est surtout au regard des menaces et opportunités extérieures que doivent être définis les intérêts nationaux**.

Il faut recourir à des textes législatifs ou réglementaires pour découvrir l'objet et les acteurs de l'intérêt national. Le texte majeur dans tous les États est la loi portant organisation générale de la défense qui dispose que : « La défense a pour objet d'assurer, en tout temps et en toute circonstance et contre toutes les formes d'agression, la sécurité et l'intégrité du territoire, ainsi que la vie de la population. Elle pourvoit de même au respect des alliances, traités et accords internationaux ». C'est ainsi que seront définies les composantes non militaires de la défense à savoir une défense intérieure, une défense économique, la défense diplomatique etc.

Cependant l'architecture institutionnelle ainsi décrite[6], a posé des difficultés importantes dans son application car les

**6** Largement inspirée de l'ordonnance du 7 janvier 1959 *« portant organisation générale de la défense »* de la France, organes et procédures prévus ont été rarement performants dans les pays africains. La définition des objectifs de la défense, en raison de la confusion entre les missions de défense et les responsabilités propres des départements ministériels a eu une influence limitée dans la conception d'une politique globale.

De nos jours, de nombreux spécialistes, font de plus en plus appel à la notion de sécurité nationale pour souligner le caractère spécifique du concours des armées à la défense de l'intérêt national à côté des autres acteurs institutionnels de mise en œuvre. Au lieu d'intérêt national, on parlerait plutôt des ***« Intérêts fondamentaux de la Nation »*** en s'inspirant de l'article 410 du nouveau code pénal en France. Ces intérêts fondamentaux seront considérés pour la Nation comme s'entendant de *« son indépendance, de l›intégrité de son territoire, de sa sécurité, de la forme républicaine de ses institutions, des moyens de sa défense et de sa diplomatie, de la sauvegarde de sa population dans le territoire national et à l›étranger, de l›équilibre de son milieu naturel et de son environnement et des éléments essentiels de son potentiel scientifique et économique et de son patrimoine culturel »*. Les éléments et leur hiérarchie pourront être adaptés aux priorités de chaque nation. Ces éléments auraient une force juridique dans le Code pénal. Ce dernier pourrait définir dans le détail les infractions aux intérêts fondamentaux de la Nation. (Secret défense, intelligence avec l'ennemi, protection de données sensibles etc)

## B. DES INSTITUTIONS PEU STRUCTURÉES PAR LA RECHERCHE DE L'INTÉRÊT NATIONAL

De manière générale, on peut admettre formellement, comme souligné antérieurement, que tout État, dès qu'il est reconnu, dispose des pouvoirs régaliens pour défendre son intérêt national qui est d'assurer et de perpétuer sur sa souveraineté sur un territoire et de protéger la vie des populations et la promotion économique et social. Plusieurs États l'inscrivent de manière détaillée dans leurs textes fondamentaux et en font une obligation juridique et politique pour les acteurs politiques tandis que d'autres évitent de déterminer officiellement en quoi consiste leur intérêt national pour préserver leur marge de décision et d'action. A titre d'exemple, le premier cas concernerait les États Unis et le second, la France.

Les États africains, pour une série de raisons internes et externes, ne se retrouvent ni dans l'un ni dans l'autre cas.

## C. L'INSUFFISANTE MOBILISATION DE RESSOURCES FACE AUX DÉFIS DU DÉVELOPPEMENT ÉCONOMIQUE ET SOCIAL

Une des raisons réside d'abord dans la disproportion des ressources publiques mobilisées et l'acuité des prestations à fournir au niveau économique, éducatif, social etc. etc. La pression sur l'arbitrage de l'allocation des ressources aux différents acteurs socio-économiques amenuise le fonctionnement de l'appareil d'État et aiguise les tensions internes. Le tissu économique repose généralement sur une monoproduction et l'exportation de produits primaires. Il rayonne peu sur le reste de l'économie à cause de la faiblesse des investissements productifs et la concurrence acharnée de puissants acteurs économiques mondialisées adossés à des puissances stratégiques. Le poids des entreprises multinationales dans la détermination des prix des matières premières, dans le transport et dans les investissements est sans commune mesure avec les ressources d'un État africain ayant du mal à déterminer son intérêt national au plan économique.

## D. UN APPAREIL SÉCURITAIRE INADAPTÉ FACE AUX DÉFIS DE LA PROTECTION GLOBALE DES PERSONNES ET DES BIENS.

La sécurité doit être entendue dans son acceptation la plus large (sécurité alimentaire, sécurité des personnes et de leurs biens, intégrité du territoire etc.). Sur ce plan, la menace principale à la sécurité nationale de l'État en Afrique concerne **les conflits armés, les actes de rébellion** et **les interventions des forces militaires étrangères**[7].

Les mutations constantes des conflits en Afrique, tantôt nationaux (rébellion), tantôt transnationaux (terrorisme), posent de réels défis à la **paix** et au **développement** durables qui sont, de toute évidence, des facteurs essentiels à la promotion de l'intérêt national. L'instabilité est source de contraction économique et d'affaiblissement de la souveraineté.

7 IG Diarra et Diakité

Les États africains disposent de forces de sécurité intérieure nettement insuffisantes pour garantir le libre exercice des libertés individuelles et pour accomplir leurs activités de toutes sortes. Les politiques visant à recourir aux forces étrangères dans un cadre bilatéral ou multilatéral pour répondre aux besoins sécuritaires n'a pas amélioré significativement l'efficacité des actions d'anticipation ou de gestion des conflits.

## E. DES INSTITUTIONS POLITIQUES ET ADMINISTRATIVES FRAGILISÉES FACE AUX DÉFIS DE LA LÉGITIMITÉ DES SYSTÈMES POLITIQUES

Il a été largement souligné dans le présent document que la détermination de l'intérêt national est par excellence du ressort des décideurs politiques qui, par le biais des outils comme la diplomatie, la défense et les politiques nationales, veillent à sa préservation, sa protection ainsi que sa promotion à l'échelle internationale. L'intérêt national, comme d'ailleurs les politiques nationales qui l'incarnent et le portent, ne se définit de manière spontanée même si le cadre physique et humain apparait comme une réalité tangible. Il se réfère à un cadre institutionnel, juridico-politique (rigide ou souple) qui lui garantit un minimum de crédibilité et beaucoup de son efficacité.

Il y a 60 ans que les premières constitutions africaines ont été adoptées et des institutions administratives et politiques mises en place. Cette architecture a connu de nombreuses vicissitudes sous le coup de la transformation des relations internationales, de l'importance prise par les anciennes et nouvelles puissances, des organisations internationales et sous les nombreuses revendications des populations. Les mouvements démocratiques ont tenté de donner un contenu différent à la notion de l'intérêt national se voulant en rupture avec les régimes précédents en mettant la démocratie pluraliste au cœur des institutions publiques. Cependant, après 30 ans de pratiques institutionnelles, le statut de l'intérêt national reste mitigé pour des raisons nombreuses parmi lesquelles on peut sommairement rappeler :

- Une pratique formelle de la démocratie représentative qui peine à susciter la participation et l'adhésion des citoyens aux processus d'élaboration, de mise en œuvre et de contrôle réel des pouvoirs publics dans l'exécution de leurs missions. Cette insuffisance concerne le système électoral de manière générale ;

- Une grande précarité dans l'élaboration et la conduite des politiques régaliennes de l'État que ce soit dans le domaine de la défense et de la sécurité, la politique étrangère, la politique économique, éducative etc ;

- Un manque d'autonomie des États dans la conception et la coordination des stratégies et politiques de développement globales prenant en compte toutes les composantes de l'intérêt national.

## F. LA RESPONSABILITÉ DE L'ETAT DANS L'IDENTIFICATION ET LA SAUVEGARDE DES INTÉRÊTS NATIONAUX

L'adoption du terme *« intérêts fondamentaux »* en suggérant de mettre sur le même plan la sécurité, la diplomatie, l'équilibre du milieu naturel, le potentiel scientifique et économique, a l'avantage d'offrir des opportunités pour mieux coordonner l'effort d'ensemble de tous les acteurs à la défense de l'intérêt national afin de faire face à un nombre indéterminé de menaces. Cette notion ne serait plus entendue comme un domaine *« réservé »* à la diplomatie et à l'armée mais comme un intérêt fondamental interpellant tous : le Gouvernement, les institutions de la République ainsi que tous les acteurs potentiels pouvant contribuer à sa protection et sa promotion.

C'est ainsi que, tenant compte des principales menaces et risques actuels pesant sur les Nations et les États, on peut s'efforcer d'identifier les principales composantes de l'intérêt national. On pourrait en relever, sans être exhaustif, trois composantes principales : l'économie, la sécurité, la diplomatie. Mais avant d'aborder ces éléments, il est primordial de noter que le préalable de l'intérêt national est l'État et sa gouvernance :

**Un État compétent et responsable** est un élément essentiel pour définir l'intérêt national.

La question de l'État, de sa capacité à encadrer ses populations, de son aptitude à résister aux forces centrifuges et à contrôler son territoire est une question centrale en Afrique. Bien que les tensions internes suffisent à déclencher des conflits, des facteurs externes interviennent aussi dans leur genèse et leur développement. La stabilité d'un système Étatique s'appuie en principe sur trois piliers fondamentaux :

- la sécurité, incluant la sécurité publique et la défense ;
- la gouvernance ;
- le développement économique et social.

De nombreux États africains connaissent, avec plus ou moins de gravité, des difficultés dans ces trois domaines. Ils sont alors susceptibles de basculer dans la violence en raison de leur situation de vulnérabilités aux tensions internes et menaces externes de tous types. Elles pèsent sur les capacités des États à assurer la sécurité des populations en gardant le monopole de violence légitime face aux prétentions d'acteurs non Étatiques, à renforcer la confiance des populations à l'égard des responsables politiques et administratifs, à mettre en œuvre une bonne gouvernance des institutions publiques et privées.

- **La création d'États compétents et responsables** est l'un des grands défis qui se pose à l'Afrique contemporaine. Un État est compétent s'il peut garantir durablement la paix et la sécurité. Sans paix, il ne saurait y avoir de développement à long terme. Et il est rare que la paix règne en l'absence de la bonne gouvernance.

- **Un État compétent crée un environnement politique et juridique propice à la croissance économique** et il facilite une répartition équitable des fruits de la croissance. Toutefois, des politiques visant délibérément à lutter contre la pauvreté, à promouvoir l'éducation et la santé ainsi qu'à mettre en place des filets de sécurité sociale doivent accompagner la croissance.

- Un État compétent instaure également un environnement qui aide le secteur privé à assurer la croissance et à créer des emplois et des revenus.
- Un État compétent dispose de ressources humaines et matérielles pour anticiper les menaces contre ses intérêts nationaux.
- **La stabilité politique,** la continuité de l'action des pouvoirs publics et l'application systématique du droit sont indispensables pour tout cela. Pour consolider les institutions et des acteurs capables de mettre l'intérêt national comme un moteur de l'action publique, il est recommandé de :
- **Renforcer les capacités des parlements** pour qu'ils puissent s'acquitter de leurs principales fonctions et être représentatifs des électeurs ;
- **Approfondir les réformes politiques, juridiques et judiciaires.** Il faudra prendre des mesures pour assurer l'autonomie du pouvoir judiciaire, protéger ce dernier des pressions ou interférences extérieures, moderniser le fonctionnement de la justice et des élections transparentes et crédibles ;
- **Améliorer la gestion du secteur public.** En ce qui concerne le renforcement des capacités des organismes publics et l'amélioration de leurs performances, seul un effort soutenu, soigneusement pensé, engagé à long terme et adapté à chaque pays peut donner des résultats ;

- **Supprimer les entraves à l'action des entreprises privées.** Il y a un besoin urgent de mesures propres à améliorer durablement le climat d'investissement au niveau national et au niveau régional ;
- **Exploiter le potentiel des technologies de l'information et de la communication.** Les technologies de l'information et de la communication sont utiles pour promouvoir la transparence, l'ouverture et les échanges de connaissances dans beaucoup de domaines –et la gestion des affaires publiques n'y fait pas exception ;
- **Susciter l'émergence de médias crédibles et responsables**. Plusieurs problèmes devront être résolus pour que les médias africains puissent promouvoir la bonne gouvernance. Ils devront développer la capacité de diffuser systématiquement des informations précises et crédibles
- **Tirer le meilleur parti des modes traditionnels de gouvernance.** Puisque, dans beaucoup de régions du continent, et particulièrement dans les communautés, les modes traditionnels d'autorité continuent à jouer un rôle vital, il est important de chercher constamment des moyens de renforcer leur efficacité dans un contexte moderne
- **Atténuer l'impact des maladies endémiques sur la gouvernance.** Les gouvernements des pays africains doivent voir dans la propagation des épidémies contagieuses une menace particulièrement grave pour

le développement et la gouvernance du continent,

- **Évaluer à sa juste mesure les contributions des partenaires bilatéraux et multilatéraux en matière d'aide au développement** afin d'encourager les acteurs économiques et sociaux dans leurs responsabilités dans la prospérité de l'Afrique

Deux autres domaines méritent également notre attention: la lutte contre tous les aspects de la corruption, par l'amélioration de la gouvernance des entreprises dans les pays donateurs ; la mise au point de systèmes permettant de récupérer les avoirs perdus par des responsables corrompus et engrangés dans d'autres pays.

Dans tous ces domaines, il sera essentiel **d'exploiter le potentiel de la jeunesse africaine**. La jeunesse est l'avenir de la gouvernance en Afrique et elle devra être associée à tout le processus d'amélioration de la gouvernance

Dans l'effort pour construire des États stables et capables en Afrique, les interventions ponctuelles de renforcement des capacités devraient céder le terrain à des programmes audacieux, pluridisciplinaires et globaux qui rendront les individus, les institutions et les sociétés efficaces pour défendre les intérêts des États africains.

# CHAPITRE 2 : **DE L'IDENTIFICATION DES MENACES ET DES COMPOSANTES DE L'INTÉRÊT NATIONAL**

## SECTION I : **DE L'IDENTIFICATION DES MENACES SUR LES INTÉRÊTS NATIONAUX**

Nous venons de le voir, les États africains doivent faire face à un nombre élevé de menaces et de risques qui mettent en péril leur intégrité territoriale, leur unité nationale, leur développement économique et social ainsi que leur souveraineté. Si de manière générique, tout État a vocation à définir et à défendre son intérêt national conformément aux grands principes du droit international, dans les faits et dans les doctrines, une grande diversité caractérise la politique des États dans la détermination du périmètre de leur intérêt national. C'est ainsi que dans son acception réaliste, l'intérêt national désigne l'intérêt supérieur de la Nation. Sa sauvegarde et sa promotion constituent les buts principaux des politiques régaliennes telles que la politique économique, la politique étrangère ou de défense. Le terme apparait rarement dans les doctrines des chancelleries occidentales où on lui préfère : les intérêts *« de puissance »*, *« de sécurité »*, *« stratégiques »*, *« vitaux »*, *« globaux »*, *« prioritaires »*, *« économiques »*, *« occidentaux »*, voire les valeurs. Dans d'autres pays comme la Chine, on a introduit la notion d'intérêt national dans sa doctrine de politique étrangère et de défense depuis les années 1980. L'intérêt national est déterminé par le pouvoir politique.

**Figure 1 : Les différents « patrimoines » (ou composantes) de l'État-Nation**

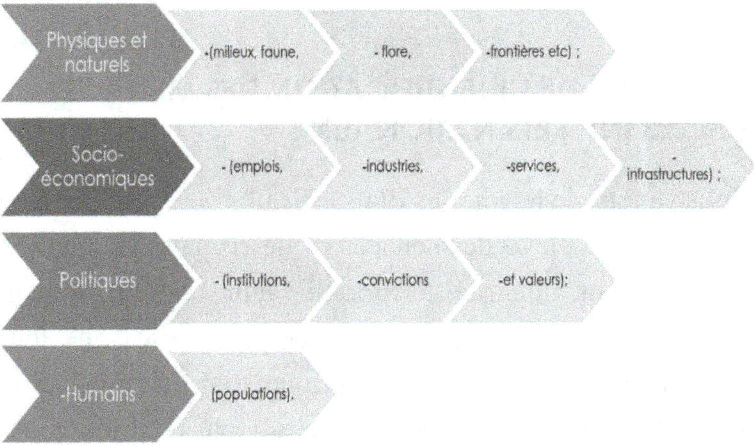


*Source : Centre de Recherche et d'Analyses Politiques, Économiques et Sociales du Mali – CRAPES, 2020*

Les menaces et risques reconnus par les théoriciens et acteurs politiques lors de l'accession à l'indépendance concernaient la conflictualité ethnique et le manque de cohésion nationale, danger présenté comme remettant en cause la viabilité même des États. L'existence de la nation étant considérée comme primordiale, il fallait tout de suite créer ou renforcer l'unité nationale en établissant des constitutions qui consacraient la prééminence du Président de la République dans tous les domaines[8].

La bataille pour l'indépendance est menée par des partis politiques qui très vite fusionnent ou sont supprimés au

8 Dans ce rôle de Père de la Nation, les acteurs politiques ont partagé les pouvoirs régaliens attachés théoriquement à l'État avec des puissances étrangères notamment l'ancien colonisateur français dans la défense de l'intégrité territoriale et la sauvegarde des institutions politiques.

nom de l'unité nationale. Le monopartisme triomphe alors dans la quasi-totalité des États avec à la tête un Président du parti, cumulant les fonctions de Président de la République, chef de l'État, Chef suprême des armées. Cette primauté du Président de la République est inscrite dans les différentes constitutions mises en place[9].

Dans un tel dispositif institutionnel, le périmètre de l'intérêt national se confond avec la personne du Chef de l'État. Il n'est pas rare d'entendre, de manière récurrente, dans les adresses des chefs d'État africains, une référence constante à la justification de leurs choix politiques comme « découlant de l'intérêt national, des intérêts fondamentaux de la Nation, des intérêts supérieurs de la Nation » singulièrement lors des annonces de coups d'État.

Cependant, compte tenu des rapports de force au niveau international et souvent au niveau bilatéral, ce magistral pouvoir présidentiel en matière de définition et de protection de l'intérêt national du pays est assez limité et quelque fois détenu par d'autres acteurs qui ne sont pas des nationaux[10].

---

**9** Le Président est le garant de l'unité et de la souveraineté nationales, de la continuité de l'État. Le Président est, de fait ou de droit, le seul chef de l'exécutif donc dirige l'action des ministres. Il négocie les accords et traités internationaux.

**10** Aux premières années des indépendances, l'ambiguïté dans les rapports entre les États ayant voté pour la Communauté avec la France transparait dans une lettre adressée le 15 juillet 1960 par Michel Debré au futur président du Gabon Léon M'Ba qui explique que la France « donne l'indépendance à condition que l'État une fois indépendant s'engage à respecter les accords de coopération signés antérieurement. Il y a deux systèmes qui entrent en vigueur simultanément : l'indépendance et les accords de coopération. L'un ne va pas sans l'autre » cité par Albert Bourgi.

Dans l'objectif d'édifier une défense commune, l'ordonnance du 7 janvier 1959 portant organisation générale de la défense (J.O. du 8 janvier 1958) pose les bases d'une solidarité totale (entre les États de la Communauté) : en toutes circonstances et contre toutes les formes d'agression est définie une « alliance globale » qui si elle s'applique à la France, s'applique ipso facto à toute la Communauté. L'Armée chargée de la défense de la Communauté est une. Elle est placée sous une organisation unique de commandement. Sur le plan stratégique, les bases de Dakar, Pointe Noire, Fort Lamy (N'Djamena) et Diégo-Suarez, doublés de bases secondaires sont les clés de voute du dispositif. Sur le plan juridique, chaque État se dote d'un « Comité de défense » comprenant : le Haut-commissaire français ; le commandant des forces armées locales ; le chef du gouvernement tandis que le Premier ministre français chapeaute l'ensemble.

Parallèlement seront signés des Accords de « maintien de l'ordre », d'« Assistance militaire technique », de « Soutien logistique ».

**Figure 2 : Le schéma des Accords de Défense se présente au lendemain des indépendances, entre autres, comme suit**

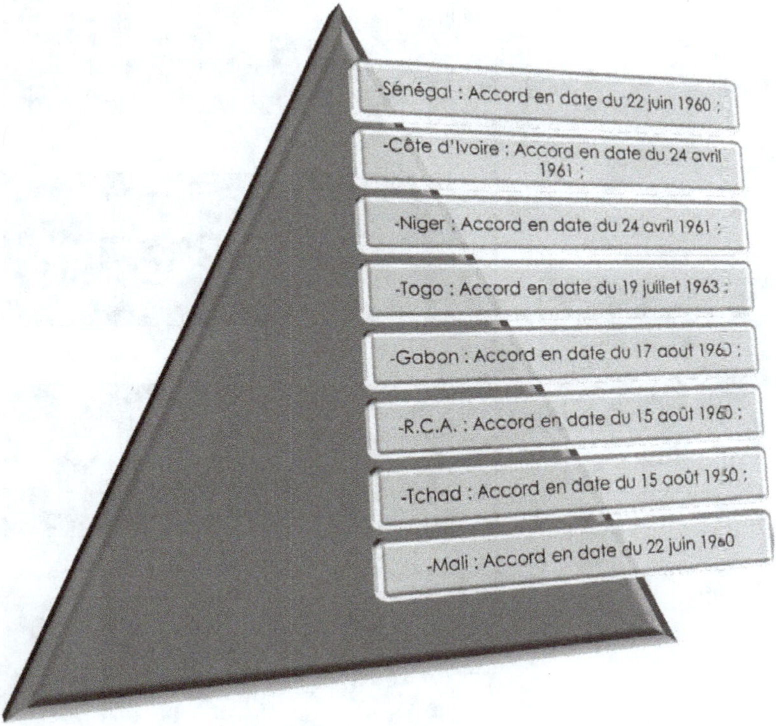


*Source : Centre de Recherche et d'Analyses Politiques, Économiques et Sociales du Mali – CRAPES, 2020*

**Figure 3 : Stratégie de mise en place des Bases militaires de la France en Afrique[11][12]**

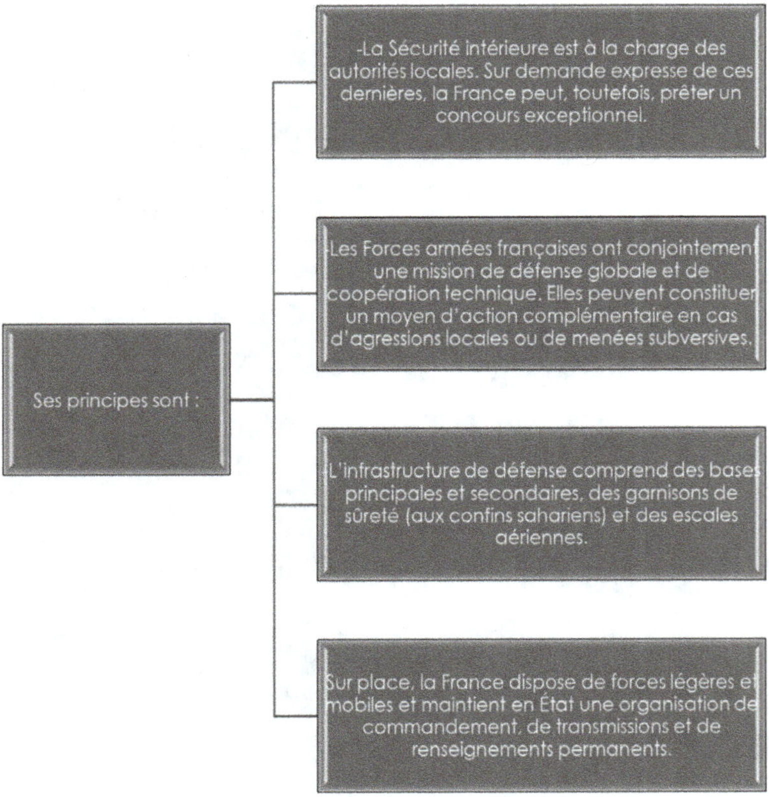


*Source : Centre de Recherche et d'Analyses Politiques, Économiques et Sociales du Mali – CRAPES, 2020*

---

**11** C'est Pierre Messmer qui fixera en 1963 les grandes lignes de la politique militaire de la France en Afrique. Ses successeurs ne la modifieront pas fondamentalement même s'ils l'adapteront aux circonstances et à la conjoncture internationale.

**12** Pour achever l'édifice, des conventions afférentes aux bases militaires et aux matières premières stratégiques ont été signées : hydrocarbures, uranium, lithium, thorium et béryllium notamment.

Au fil du temps cette emprise de l'ancienne puissance coloniale s'est relâchée dans plusieurs domaines concernés par lesdits accords grâce à un exercice plus effectif de la souveraineté par certains États signataires. Les États africains sont désormais parties prenantes à la mondialisation et donc engagés dans de nouveaux espaces de solidarité et de coopération internationales.

Ce changement au niveau global porté par une compétition sévère entre les 2 blocs géostratégiques et l'accentuation des déséquilibres économiques, financiers a mis en exergue les défaillances graves des États à assumer leurs prérogatives régaliennes dans la détermination et la défense de l'intérêt national tant au niveau international qu'au niveau local. A cela plusieurs raisons :

## SECTION III : **LES COMPOSANTES DE L'INTÉRÊT NATIONAL**

### A. L'INTÉRÊT NATIONAL AU NIVEAU ÉCONOMIQUE :

Le rôle de l'économie et des acteurs économiques dans la vie d'une nation est essentiel car c'est elle qui procure les emplois, la prospérité, et les ressources nécessaires à la défense de l'intérêt national. Aujourd'hui, les formes de menaces et de modes d'action ont beaucoup évolué, mais se sont surtout diversifiées et touchent tous les aspects de la vie politique, socio-économique d'un État. « Les menaces économiques sur les intérêts nationaux sont multiformes et variées, mais l'une des premières menaces favorisant la perte de souveraineté de nos États est celle de la méconnaissance de ces menaces elles-mêmes, de leur mauvaise identification, et ou des erreurs d'anticipations de ces menaces ».

Il convient d'assurer une sécurité des acteurs de l'économie nationale. La sécurité économique est la matérialisation d'une politique d'État visant à protéger et à promouvoir les intérêts stratégiques d'une nation. Dans son volet défensif, la sécurité économique regroupe les activités suivantes : protection du patrimoine, délimitation des périmètres industriels et technologiques critiques et la lutte contre les activités hostiles de renseignement économique étrangères. Dans une perspective offensive, il s'agit notamment d'accompagner le développement à l'international des entreprises nationales. L'intérêt national au niveau économique devrait s'appuyer sur les buts suivants :

- **Protéger et défendre l'économie et les entreprises des atteintes de toute nature :** surveillance du fonctionnement général de l'économie, à titre préventif ou curatif ; prévention des dysfonctionnements économiques ; anticipation et gestion des crises pouvant survenir en préparant la nation à faire face à ces atteintes par une information préalable et l'établissement de programmes de prévention, d'action ou de réaction ; gestion des situations perturbées du tissu économique dues à des risques intérieurs, intentionnels ou non, ou de catastrophes naturelles.

- **Établir un partenariat avec les acteurs économiques stratégiques** par le développement de politiques de soutien en informations, de protection du patrimoine ou de maîtrise de la concurrence. Ce partenariat doit viser l'accompagnement des grands acteurs économiques nationaux dans leur processus de conquête de nouveaux marchés, la promotion du concours **économique et financier des diasporas africaines. Le recours approprié au moyen de l'intelligence économique peut être d'un grand apport dans ce domaine.**

- **Subvenir aux besoins de la défense nationale** en renforçant les capacités des services techniques de l'État notamment dans leurs contributions substantielles à l'alimentation du budget de l'État, au soutien à la compétitivité des entreprises nationales, à la performance des contrôles et la surveillance du territoire douanier notamment.

## B. L'INTÉRÊT NATIONAL AU NIVEAU SÉCURITAIRE

Pendant longtemps, la menace à l'intégrité territoriale était la menace cruciale qui avait créé l'ossature des systèmes de défense des États avec une primauté sinon l'exclusivité de la parade à l'Armée. Le but de la défense était essentiellement territorial et identitaire. Le développement du concept de sécurité nationale depuis le début des années 2000 résulte principalement de ce que les formes de menaces d'agressions se sont multipliées : elles ne consistent plus seulement en une agression armée d'un État par un autre État, mais en des menaces émanant d'États ou de groupes non Étatiques et de formes diverses de menaces qui « appellent un effort d'anticipation, de prévention et de réponse rapide, mobilisant l'ensemble des moyens des pouvoirs publics et la mise en œuvre de coopérations internationales »[13].

La sécurité nationale inclut aussi des notions plus immatérielles et subjectives comme la préservation des atouts majeurs du pays et de son image dans son environnement international, la diffusion de ses valeurs en matière de démocratie et de droits de l'homme, la résilience de la population aux menaces extérieures etc…[14]

Face aux multiples menaces portées actuellement contre les États africains qui remettent en cause l'intégrité du territoire, la vie des populations, la souveraineté des pouvoirs et le fonctionnement régulier des institutions, l'intérêt national réside dans la sécurité globale. Pour ce faire, cet intérêt national pourrait s'incarner dans :

- Le renforcement du cadre législatif et réglementaire concernant les missions et les moyens de défense et de sécurité pour une meilleure adéquation avec les menaces actuelles et potentielles ;

---

**13** I.G. Diarra et Diakité, Consultation de la Minusma sur les intérêts nationaux des États africains.

**14** IG. Diarra et Diakité, Consultation de la Minusma sur les intérêts nationaux des États africains

- La mise en place d'une stratégie de sécurité nationale articulée autour de missions, dont les forces de défense et de sécurité doivent avoir la maitrise et la responsabilité en vue de :

  ◊ **assurer une mission d'information** permettant de rassembler les **connaissances nécessaires pour anticiper toute menace potentielle**. Cette mission constitue une « première ligne de défense », permettant une autonomie de décision » et de conserver l'initiative stratégique en offrant aux décideurs politiques et militaires, le plus en amont possible, les éléments de prévision et d'éclairage de l'action ;

  ◊ **prévenir c'est-à-dire à agir pour éviter l'apparition ou l'aggravation de menaces contre la sécurité**. Cette mission requiert le développement d'un **système de veille et d'alerte précoce** nécessitant un forte capacité **d'analyses** des situations de **crises potentielles** qui découlent d'une **dégradation des contextes sanitaires**, **environnementaux**, **sociaux et politiques** des différents pays et espaces géopolitiques. La prévention nécessite une vigilance accrue pour les **trafics** (armes, drogues, êtres humains, matières radioactives, etc.) qui favorisent l'instabilité internationale et la lutte contre les crises sanitaires et pandémies qui affectent durablement la stabilité des pays.

◊ **protéger la population et le territoire**. Cette mission consiste, entre autres, à **garantir la résilience de la société et des pouvoirs publics**, c'est-à-dire la capacité à « maintenir en toutes circonstances le fonctionnement des pouvoirs publics et la continuité de la vie de la nation » face à des **situations de crises majeures** impliquant des **menaces** et attaques terroristes ;

◊ **mettre en action les capacités d'interventions** des forces armées ;

◊ **développer un lien de coopération entre les pays africains** de sorte à minorer les conséquences éventuellement indésirables liées au recours aux forces étrangères.

- Le resserrement du lien entre les forces de défense et de sécurité d'une part et d'autre part les sociétés civiles parait urgent de nos jours. La stratégie des forces hostiles aux États est fondée sur les massacres de populations et des personnels de défense et de sécurité dans le but d'anéantir l'esprit de défense de la Nation. Face au délitement du lien entre les citoyens et leur outil de sécurité il convient de :

◊ **Permettre que le citoyen, à toutes les étapes de sa vie, connaisse et s'approprie le sens de l'intérêt commun** (intérêt national) que représente la défense nationale, les missions respectives de structures chargées de sa mise en œuvre et l'effort attendu des citoyens actuels et futurs pour préserver l'indépendance de leur pays, leur dignité et leur liberté.

◊ **Réaffirmer le rôle primordial du politique** notamment les institutions représentatives dans l'élaboration de la politique de défense nationale et son contrôle

## C. L'INTÉRÊT NATIONAL AU NIVEAU DIPLOMATIQUE :

Dans l'acception classique et académique de la notion de l'intérêt national, il revient à la politique étrangère d'être l'outil primordial devant assurer et faire prévaloir face aux autres nations, la vision et les ambitions des pouvoirs publics. La politique étrangère et la diplomatie d'un pays indépendant sont par définition dédiées à la défense et à la promotion de son intérêt national. Pour les États africains, compte tenu de l'ampleur des menaces et des vulnérabilités déjà recensées dans le présent document, la politique étrangère reflète des priorités spécifiques pour accompagner les autres composantes (sécurité, économie, politique etc) dans leurs missions. Parmi ses objectifs prioritaires on peut retenir entre autres :

- **En matière économique**

◊ Participer et conduire la négociation, l'interprétation et le suivi des traités et accords internationaux en rapport avec les ministres compétents pour la mobilisation efficiente des financements relatifs aux programmes et projets retenus auprès des partenaires au développement et le suivi de leur mise en œuvre ;

◊ Accompagner les acteurs économiques nationaux dans la recherche de partenariats à l'étranger notamment pour le financement de leurs investissements et l'accès aux marchés étrangers d'une part et d'autre part promouvoir le rôle de la diaspora africaine dans la promotion de l'économie nationale et régionale

- **En matière culturelle, scientifique :**

◊ défendre et promouvoir le patrimoine culturel africain face aux effets uniformisants de la mondialisation afin de conquérir des positions commerciales et industrielles attrayantes pour les acteurs culturels et scientifiques ;

- **En matière sécuritaire :**

◊ entreprendre toute initiative visant à améliorer la sécurité collective régionale et continentale, l'outil de défense pour renforcer sa cohérence, sa crédibilité et son efficacité en développant des relations avec les partenaires régionaux africains, bilatéraux et internationaux ;

- **En matière diplomatique :**

◊ développer les échanges d'information entre pays africains et les autres grâce à la sollicitation de contribution de centres de rechercher spécialisées et la mise en place de Cellule de prospective et d'analyse.

# 2ème PARTIE

# LES MENACES ÉCONOMIQUES SUR L'INTÉRÊT NATIONAL ET DE SES IMPLICATIONS.

# CHAPITRE 3 : **DE L'IDENTIFICATION DES MENACES ÉCONOMIQUES SUR LES INTÉRÊTS NATIONAUX DES PAYS AFRICAINS**

## SECTION I : **SYNOPTIQUE DES MENACES À L'INTÉRÊT NATIONAL ET LEURS CONSÉQUENCES**

Les menaces économiques sur les intérêts nationaux sont multiformes et variées, mais l'une des premières menaces favorisant la perte de souveraineté de nos États est celle de la méconnaissance de ces menaces elles-mêmes, de leur mauvaise identification, et ou des erreurs d'anticipations de ces menaces.

En plus des éléments de réponse contenus dans le tableau récapitulatif ci-dessous, le stress environnemental découlant de la situation géographique des pays africains expose les États et les populations à des conditions telles que la sécheresse, la désertification, les variations de la pluviosité accompagnées d'incidences sur la sécurité alimentaire et les moyens d'existence. Cela conduit à une série de problèmes: **tensions internes, déplacements, arrivées et/ou départs de flux de réfugiés, migrations de jeunes, violence intercommunautaire et relance de l'irrédentisme** (notamment touareg principalement au Mali et au Niger, Nigéria, Cameroun, Tchad etc.) et **instabilité politique**. Les enjeux globaux comme la migration ou le réchauffement climatique ont tous en commun une implication économique. L'autre menace pour l'intérêt national des États africains serait de prendre part à des **conventions internationales** ou à des **accords multilatéraux mal ajustés** par rapport à leurs intérêts économiques.

Chacun de ces problèmes représente une menace pour l'intérêt national car ils sont d'une part, source de problèmes économiques et, d'autre part, ils mettent à nu la fragilité des États africains et les cantonnent ainsi dans une position de faiblesse dans leurs rapports avec le reste du monde.

C'est pourquoi, les évènements internationaux tumultueux que sont les menaces terroristes et les tensions géopolitiques imposent aux États africains une politique étrangère avec la nécessité d'une diplomatie agressive capable de défendre les intérêts nationaux et d'identifier les menaces à caractère politico-sécuritaire mais aussi économique qui prennent en considération les éventuels dangers sur les intérêts nationaux des africains.

Si les enjeux sécuritaires sont aujourd'hui un dénominateur commun à tous les États africains face à la menace de perte de souveraineté, nous nous attellerons, tout au long de cette étude, à faire ressortir les menaces économiques et leurs implications dans les rapports des États africains avec le reste du monde. Le présent tableau résume de façon succincte, les menaces potentielles sur les pays africains qui pourraient être dommageables à son développement.

**Tableau 1 : Synoptique des menaces à l'intérêt national et leurs conséquences**

| TYPE DE MENACES | CONSEQUENCES SOCIOÉCONOMIQUES ET POLITIQUES |
|---|---|
| • Insécurité : (banditisme urbain et périurbain, conflits, communautaire ; criminalité transfrontalière et transnationale orchestrée ; rébellion ; terrorisme) | • Insécurité économique qui implique l'insécurité politique ;<br>• Augmentation de la puissance financière des narcotrafiquants et des terroristes, ce qui accroit leur influence sur les populations locales ;<br>• Perturbation des activités de production locale, risque de famine ;<br>• La puissance de l'économie criminelle affaiblit celle de l'économie nationale, en fermant toute les voies à travers lesquelles l'État gagne des recettes. Cela engendre une crise des institutions, et donc menace l'édifice sociale qui se traduit par la faiblesse de l'État ;<br>• Exposition de groupes de ménages à des évènements dramatiques, sans aucun moyen d'y faire face ;<br>• Moins d'investissement, et fuite des capitaux ;<br>• Diminution de la croissance économique, donc du bien-être économique ;<br>• Chômage et baisse du train de vie des ménages ;<br>• Crispations sociales suivies des insurrections populaires ;<br>• Déséquilibre sociale |

| TYPE DE MENACES | CONSEQUENCES SOCIOÉCONOMIQUES ET POLITIQUES |
|---|---|
| • Immigration (intercontinentale, intracontinentale) | • Trafics Humains et commercial ;<br>• L'esclavage forcé ou sous contrat ;<br>• Le mariage forcé, et le travail des enfants ;<br>• Fuite de main d'œuvre ;<br>• Fuite de cerveau ;<br>• Diminution d'activités productives dans les pays d'origines ;<br>• Augmentation des recettes dans les pays d'arrivée via les impôts payés par les immigrés ; |

| TYPE DE MENACES | CONSEQUENCES SOCIOÉCONOMIQUES ET POLITIQUES |
|---|---|
| • Universalisme culturel occidental | • Dévalorisation des codes culturels locaux;<br><br>• Complexe d'infériorité, menace des identités locales ;<br><br>• Manque de compétitivité des productions culturelles locales (Cinéma, Mode etc.) ;<br><br>• La dynamique de la mondialisation colonise les imaginaires, laisse peu de place à certaines civilisations de certains pays du Sud de résister et de s'exprimer ;<br><br>• La dictature des marchés à travers la maximisation des profits, piétine les principes démocratiques locales vieilles de plusieurs siècles ;<br><br>• Mutation des modes de consommation<br><br>• L'effondrement des valeurs, principes et symboles locaux au profit d'autres valeurs, symboles, et principes importés ;<br><br>• Disparition des langues locales ;<br><br>• L'envahissement de la sphère politique locale, par les jeux d'intérêts de l'économie internationale, ce qui traduit le non-respect du droit à l'identité culturelle et des principes élémentaires pour le vivre ensemble, et pose le problème de la reconnaissance de la valeur légale ;<br><br>• Dénaturation du système d'éducation nationale ;<br><br>• Modèle de développement déstructuré et en déphasage avec le cadre de référence de la population locales. |

| TYPE DE MENACES | CONSEQUENCES SOCIOÉCONOMIQUES ET POLITIQUES |
|---|---|
| Conventions ou traites économiques mal ajustés | Aliénation de la souveraineté nationale en matière de politiques publiques de stabilité en ne tenant pas compte du niveau de développement, et des forces et faiblesses des pays concernés ;<br><br>• Affaiblissement de l'autonomie de l'État en matière de politiques économiques qui sont exécutées sur des propositions, conditionnalités ou impositions des partenaires extérieurs. Cela laisse peu de place à la contradiction, et à la production des mécanismes de solutions endogènes plus en cohérence avec les enjeux internes ;<br><br>• Faute d'industrialisation et déficit d'intégration des économies du Sud dans le commerce international ;<br><br>• Faible capacité de protection des entreprises nationales contre la concurrence étrangère à cause des engagements internationaux mal négociés. Une faiblesse qui est engendré par le déficit de gouvernance interne et de leadership ;<br><br>• Défaut de contrôle sur les leviers des accords dans l'exécution. En plus d'être mal négociés, les accords sont mal exécutés ;<br><br>• Des balances commerciales structurellement déficitaires, ce qui fait des pays du Sud importateurs net des produits finis avec un taux d'industrialisation de moins de 15 pc ;<br><br>• Une Balance commerciale déficitaire induit une baisse de la croissance économique et donc du bien-être économique ;<br><br>• Privatisation des secteurs clés de développement (usines de production Étatique etc.) ;<br><br>• Remise en cause de la vision stratégique de développement local ; |

| TYPE DE MENACES | CONSEQUENCES SOCIOÉCONOMIQUES ET POLITIQUES |
|---|---|
| La corruption (corruption échange sociale, le clientélisme, le népotisme, le tribalisme, extorsion, favoritisme, trafic d'influence, abus de fonction, obstruction à la justice, diversion de la propriété) | • Remise en cause des vertus civiques, et de l'esprit patriotique ;<br><br>• Défaut de confiance entre les gouvernants et les gouvernés, pouvant pousser les acteurs économiques à adopter un comportement d'incivisme fiscal. Cela peut même impacter la participation aux élections remettant ainsi en cause la légitimité du Président élu, ce qui engendre la non-coopération d'une grande partie de la population afin de favoriser l'application des politiques publiques ;<br><br>• Les politiques publiques impliquent plus de coûts pour moins d'argent ;<br><br>• Les décisions de justice injustes marginalisent le pauvre et la personne en situation de faiblesse. Frustrée, cette personne risque de se faire justice, ce qui présente des risques de conflit et d'instabilité politique, et engendre la baisse d'investissement, augmentant ainsi le chômage ;<br><br>• Effondrement des principes fondateurs d'une économie solide par l'affaiblissement de sa capacité à lever des fonds pour le financement de ces programmes de politiques publiques ;<br><br>• Augmentation des dettes publiques et du risque de défaut d'endettement. Remise en cause de l'équilibre budgétaire ;<br><br>• Crise de motivation au sein de la jeunesse qui refuse d'imprimer la vie sociale par sa marque, arrête de rêver, perd la confiance en elle, et établira une corrélation croissante positive entre la réussite et la capacité d'avoir des relations, et non l'aptitude à travailler. |

***<u>Source :</u> Centre de Recherche et d'Analyses Politiques économiques et Sociales du Mali, CRAPES 2019.***

## SECTION II : **DU SECTEUR PRIMAIRE, DE SES OPPORTUNITÉS ET MENACES SUR LES INTÉRÊTS NATIONAUX.**

### A. DES OPPORTUNITÉS DU SECTEUR AGRICOLE EN AFRIQUE : CAS DU MALI, UN EXEMPLE ILLUSTRATIF

L'importance de l'agriculture pour la croissance économique ainsi que la transformation économique demeure toujours vivace dans une Afrique qui peine à aller vers la modernisation et l'industrialisation du secteur agricole. La mondialisation et l'ouverture des frontières, qui en sont son corollaire, imposent aux pays d'Afrique une productivité intense pour, non seulement assurer à l'intérieur la sécurité alimentaire, mais aussi et surtout, de permettre l'insertion des producteurs locaux dans le commerce international afin de faire face à la concurrence étrangère.

Le secteur primaire dans son ensemble (agriculture, élevage et pèche) occupe une place déterminante dans la dynamique des contributions des programmes budgétaires. Au Mali, il rapporte plus de deux tiers des recettes d'exportation. L'agriculture, c'est 80pc de la population active qui l'exercent comme métier principal, et représente en moyenne plus de 38pc du Produit Intérieur Brut. A l'instar des autres localités du continent, c'est donc la locomotive de la croissance économique de ce pays.

Cette place préférentielle qu'occupe le secteur est le fruit d'un certain nombre de potentiels dont il dispose, qui traduit pour lui des opportunités. En effet, sur la superficie de 1241238 Km2, la superficie cultivable représente 43,7 millions d'hectares, soit 35pc de la superficie totale (FAO). Aujourd'hui, sur cette superficie, seulement 2,6 millions d'hectares sont cultivés (2pc de la superficie totale et 6pc de la superficie cultivable). Riche en eaux de surface avec le passage de deux fleuves (le Niger et le Sénégal), le Mali dispose encore aujourd'hui d'une grande capacité de création de delta terrestre fertile. Pour ce qui est des eaux souterraines, elles sont estimées à 2,7 billions de $m^3$ avec un niveau d'exploitation estimé à 66 milliards de $m^3$. Ces eaux constituent une grande source d'approvisionnement domestique, mais aussi agricole.

L'office du Niger qui existe depuis 1932 sous l'initiative du colon, avec l'objectif de développer la culture irriguée d'un certain nombre de produits dont le coton (pour fournir l'industrie française en matières premières), se spécialise avec l'indépendance dans les années 1970 dans la riziculture. Selon les statistiques officielles, le Mali dispose aujourd'hui d'une grande potentialité rizicole avec des superficies aptes à l'irrigation estimées à 2.200.000 ha qui ne sont valorisées qu'à hauteur de 20pc.

Au milieu d'une économie dominée par l'agriculture, la culture du coton joue un rôle de moteur historique pour la croissance économique en occupant plus de 40pc de la population rapportant 22pc des recettes d'exportation, et 12pc des recettes budgétaires. Cela est possible aujourd'hui par la volonté des gouvernements successifs de développer la culture concernée, par la création de la Compagnie Malienne de Développement des Textiles qui joue le rôle de régulatrice dans le secteur par la fourniture des équipements nécessaires pour la production, mais aussi et surtout la fixation des prix. Au-delà du Mali, la culture du coton représente aujourd'hui une grande valeur d'exportation pour l'Afrique de l'Ouest, troisième après le cacao et le café.

L'une des menaces pour l'agriculture africaine, donc des économies africaines, se découvre dans sa dépendance à la pluviométrie, la volatilité des prix des matières premières, mais surtout dans la faible capacité de transformation des produits agricoles.

### 1. LA GESTION DES TERRES EN AFRIQUE, UNE MENACE POUR LA SOUVERAINETÉ DES ÉTATS : CAS DU MALI

Malgré cette place importante qu'occupe le secteur agricole dans l'économie du continent africain, son devenir est plus que jamais menacé. En effet, la disponibilité des terres cultivables attire l'attention d'énormes investisseurs étrangers, qui, dans leur recherche de maximisation de rente, risque de mettre à mal la souveraineté des États en termes de gestion et de maitrise de la terre.

D'après les enquêtes de Rising Global Interest in Farmland, ces accords d'investissements étrangers, encore appelés « accaparement de terre » atteignent 56 millions ha de terre agricole dont 70pc se trouvent en Afrique. Ainsi, l'Office du Niger, qui s'étend sur une superficie brute de 2458506 ha, suscite l 'engouement non seulement des investisseurs privés nationaux, mais aussi internationaux.

D'après les statistiques d'Oakland Institute, plus de 544 567ha de terres fertiles sont acquise ou en cours d'acquisition via des baux à long terme bon marché. Ce chiffre atteindra aujourd'hui près de 800 000 ha, pour la plupart, des investisseurs étrangers dont l'objectif ultime demeure l'assurance de leur propre sécurité alimentaire.

La justification donnée par les autorités, est de favoriser la modernisation des pratiques agricoles, par l'utilisation des technologies et de savoir-faire moderne, qui, selon eux, favoriseraient le développement économique et l'accès aux marchés internationaux. Pendant ce temps, il convient de rappeler que ces investissements qui s'effectuent dans le delta fluvial du Niger sont en contradiction des droits coutumiers des populations locales qui se découvrent non protégées par la puissance publique.

Au-delà du Mali, **cette forme d'agriculture de type industriel en se développant avec l'utilisation des produits chimiques qui impactent négativement la biodiversité devient aujourd'hui une menace grave pour les 100 million de personnes qui dépendent de ce fleuve en Afrique de l'Ouest**.

Ces « accaparements de terre » par des investisseurs étrangers privés sont souvent encouragés par certaines organisations internationales qui soutiennent l'argument selon lequel et au nom de la lutte contre l'insécurité alimentaire, la capacité financière des pays du continent africain est limitée en estimant de surcroit l'aide publique au développement insuffisant.

Rappelons que la terre a une dimension identitaire, et demeure source première des moyens de subsistance et de lutte contre la faim des populations.

Ainsi, ces accords d'investissement sont perpétuellement source d'expansion de pression, voire des violences foncières dans la mesure ou les espaces cultivables dits « disponibles » appartiennent déjà à une grande majorité de la population qui, depuis plusieurs siècles, pratique cette forme d'agriculture familiale de génération en génération. **Les acheteurs privés étrangers, pour la plupart, sont soutenus par les gouvernements étrangers : cela questionne à moyen et long terme, la souveraineté territoriale des pays du continent.**

C'est ainsi que ces pratiques engendrent la dégradation de la sécurité alimentaire des populations locales, et dépossède l'État de l'une de ces ressources productives qui est la terre. Selon les statistiques officielles, plus de 113 millions de personnes sont menacées par la faim en Afrique dont plus de 3,5 millions au Mali pour un continent qui regorge plus de 60pc des terres arables : quel paradoxe !

La viabilité du secteur est également menacée par l'absence d'un modèle d'industrialisation axé sur lui. En effet, le continent africain aujourd'hui est considéré comme puits d'extraction de matières premières, et consommateur final de produits finis. Sachant que le tissu industriel ne dépasse pas 12pc, cette situation contribue à la dégradation des chaines de valeur, et d'augmentation du taux de chômage. Pour un continent qui sera 2,5 milliards en 2050, l'enjeu est avant tout lié à la problématique de l'emploi.

A cela, s'ajoute la baisse des fertilités des sols par l'application d'une agriculture intense (saisons pluvieuses et contre saison), mais aussi la désertification par les coupes abusives des arbres au profit des marchés internationaux, notamment chinois et également par la pression démographique. En effet, la théorie économique est partagée entre deux principaux avis à ce propos. Le premier prime la peur de l'excédent démographique, et le second, la peur du vide démographique.

Dans la dynamique de l'un comme de l'autre, l'idéal, c'est d'assurer une adéquation entre les reproductions des moyens de subsistance, et le rythme de la naissance. Cela permettra à la fois aux sols de garder une certaine consistance, mais aussi de préserver la biodiversité qui se dégrade avec la surutilisation des engrais chimiques, mais aussi les pesticides qui jouent négativement sur le rendement de la terre. Dès lors, la sauvegarde des intérêts agricoles (terres, agriculteurs, types de cultures, mécanisation etc...) devient une question de souveraineté pour nos États.

## 2. PROBLÉMATIQUE DES OGM ET SANTÉ PUBLIQUE

La problématique de santé publique est un enjeu central de nos jours dans tous les pays du monde, mais elle est encore plus déterminante dans les États du continent africain. En effet, près de 1,3 milliards cette année, la population africaine atteindra en 2050, 2,5 milliards d'habitants, soit une moyenne d'accroissement de 92pc. Ainsi, cela se traduira par une augmentation des besoins de soins de santé de la part des populations. Il convient de rappeler, c'est l'anticipation qui donne à la gestion toute sa lettre de noblesse. De fait, gérer dans l'avenir de tels défis liés à cette problématique, revient à questionner les utilisations qu'on fait aujourd'hui des terres africaines, et surtout, les aliments consommés par les africains.

Il est de notoriété publique, depuis plus de 20 ans, que les pays africains sont de plus en plus tentés des solutions miracles à la croissance économique et à l'insécurité alimentaire promues par les Organismes Génétiquement Modifiés. L'une des plus grandes économies d'Afrique, Johannesburg, a commencé depuis 1997 par le vote de « OGM **act** » qui a fait d'elle la première nation africaine à pratiquer la biotechnologie. De nos jours, plus de 90pc du coton, 80pc du maïs et 85 pc du Soja de l'Afrique du Sud sont génétiquement modifiés. Avant que l'élan ne soit freiné par les révolutions issues du printemps arabe, l'Egypte avait autorisé l'ensemencement du maïs Bt (du Bacillus thuringiensis) dans le dessein de lutter contre des insectes ravageurs en 2008. Face à ce relatif succès, de nombreux pays comme le Cameroun, le Ghana, le Nigeria, le Kenya, la Tanzanie, la Cote d'Ivoire ou encore le Mali ont tous, durant ces dernières années, réfléchissent à un cadre législatif permettant la pratique des tests de variétés des Organismes Génétiquement Modifiés. Cette époque où des entreprises étrangères comme Monsanto Company (Américaine) encore appelée Microsoft de l'Agriculture, l'Allemand Bayer, ou encore Syngenta (Suisse) qui sont des spécialistes dans la semence des OGM espèrent sur de nombreuses autorisations commerciales, est stratégique pour le continent. Pour l'entreprise Monsanto par exemple en 2015, les Organisme Génétiquement modifiés représentaient plus de 180 millions d'euro de son chiffre d'affaire sur le Continent Africain. L'Afrique, c'est 60pc des terres arables inexploitées, avec moins de 4pc cultivées par des plantes transgéniques, soit moins de 4 million d'hectares, pendant que ces plantes génétiques occupent 66 millions d'hectares en Amérique Latine, et 70 millions aux États Unis. Le continent, avec ses terres inexploitées, constitue donc une aubaine et une opportunité d'accroitre leur chiffre d'affaire.

Nonobstant ces velléités d'accaparement (démontrées plus haut) des terres africaines pour des profits industriels exorbitants, la culture des organismes génétiquement modifiés engendre des risques élevés sur l'équilibre de la biodiversité, et donc sur la santé publique. Aussi, des études britanniques concluent sur « l'appauvrissement de la flore et de la faune ». En effet, les plantes génétiquement modifiées sont des plantes « pesticides », c'est à dire qui contiennent des insecticides, des herbicides et des fongicides. De facto, pour lutter contre les insectes ravageurs, ces plantes elles même produisent des insecticides (plantes Bt 18pc) qui sont aptes à absorber un herbicide sans mourir (Roundup et liberty,

63pc), ou des plantes qui englobent les deux propriétés (19pc). Des études ont démontré les effets dangereux des Maïs Bt qui produisent de la toxine recombinante Cryb1Ab qui a des impacts négatifs sur la « faune non cible ».

Sur le plan sanitaire, les études empiriques démontrent que c'est la problématique du devenir de l'insecticide dans la chaine alimentaire qui interpelle. Ces insecticides sont loin d'être naturels, ce qui expose les aliments à une probabilité élevée de toxicité. La même problématique se pose quant au devenir des impacts des herbicides dans la chaine alimentaire. Les herbicides associés aux OGM une fois devenus plantes sont mangés par les animaux. Et l'animal, à son tour, est mangé par l'Homme, en chaire, lait ou l'œuf. Dans une relation de causalité, ces herbicides du fait du leur toxicité, peuvent endommager l'organisme humain.

La problématique des OGM s'inscrit donc dans une dynamique de préservation, de promotion de la santé des populations et de protection de leur vie. Dans cette optique, ces nombreux facteurs qui sont relatifs aux prédispositions biologiques et génétiques des humains, et à leurs habitudes de vie influencent, voire dégradent le bien-être de la collectivité. Pour donc préserver les intérêts nationaux des pays africains en matière de santé publique, il urge de mettre en place une politique lucide de protection des populations contre les OGM en Afrique. C'est en cela que la problématique des OGM devient donc un impératif de souveraineté nationale.

## SECTION III : **DES MENACES SÉCURITAIRES ET IMPLICATIONS ÉCONOMIQUES**

### A. L'ANTICIPATION DES CRISES SÉCURITAIRES (REBELLIONS, GUERRES CIVILES, LUTTE CONTRE LE TERRORISME).

La sécurité doit être entendue dans son acceptation la plus large (sécurité alimentaire, sécurité des personnes et de leurs biens, intégrité du territoire etc.). Sur ce plan, la menace principale à la sécurité nationale de l'État en Afrique concerne **les conflits armés, les actes de rébellion** et **les interventions des forces militaires étrangères**.

Les mutations constantes des conflits en Afrique, tantôt nationaux (rébellion), tantôt internationaux (terrorisme), posent de réels défis aux efforts visant à réaliser une **paix** et un **développement** durables qui sont, de toute évidence, des éléments de menaces sur l'intérêt national.

Entre 1960 et 2005, les conflits armées inter- Étatiques ont fait environ 6,6 millions de morts dans le monde. Sur cette période, l'Afrique a enregistré´ environ 1,6 million de morts des combats, soit près de 24 % du total mondial.

Ces chiffres macabres pour l'Afrique montrent à suffisance, si besoin est, qu'en plus de l'instabilité politique et institutionnelle qu'engendre cette récurrence de l'insécurité, elle conduit à l'inversion du développement, car, il est établi qu'en temps d'insécurité, l'économie ralentit généralement par rapport au rythme qu'elle affichait en temps de paix.

Elle se trouve considérablement réduite par rapport à ce qu'elle aurait été sans cette instabilité. Dès lors, les États, conscients de ce processus de contraction économique, source d'affaiblissement de leur souveraineté, essaient de concevoir des mesures appropriées pour les circonscrire. Malheureusement, ces politiques nationales d'anticipation ou de gestion des conflits, puisse que mal conçues, deviennent elles-mêmes des menaces pour la souveraineté nationale.

Fort de cette évidence, les États africains dans leur large majorité, travaillent en permanence soit, à anticiper les rebellions ou guerres, soit à les gérer.

Or, les théories de l'intelligence économique nous enseignent que, dans un souci d'anticipation ou de gestions de conflits, les États font face à la dégradation de leur politique publique et de gouvernance.

Aussi, il est établi que pendant un conflit, la victoire militaire, ou du moins l'évitement de la défaite, devient une priorité absolue pour l'État qui oriente ses dépenses vers des stratégies axées sur le court terme, au détriment de celles à plus long terme. Dans cette logique, face à ces menaces de sécurité, la réponse de l'État consiste à relever son budget militaire, l'État comprime les investissements et les dépenses publiques qui étaient destinés à la construction et ou à l'entretien des infrastructures au profit des dépenses militaires. Cette réorientation des lignes budgétaires constitue sur le long terme une menace potentielle sur le développement du pays, donc préjudiciable à sa capacité d'auto prise en charge.

En effet, la nécessaire hausse des dépenses militaires se heurte à un recul des recettes fiscales sous l'effet de la contraction de l'économie privée organisée. En outre, l'aide se raréfie car l'État se retrouve exclu des marchés des crédits internationaux et le marché intérieur s'assèche. En réaction, l'État met à profit l'impôt prélevé par l'inflation[15].

Le site américain GLOBAL FIRE POWER[16], spécialisé dans le domaine militaire dans son classement 2018 des puissances militaires dans le monde, place le Mali, avec un personnel militaire estimé à 10 000 militaires, au 25e rang africain (117e mondial) derrière quatre pays de la CEDAO à savoir le Nigéria (43e mondial), le Ghana (101e mondial), le Niger (114e mondial) et la Côte d'Ivoire (116e mondial). En 2019, l'Armée malienne fait un grand bon, elle se retrouve au 18e rang africain et deuxième en Afrique de l'Ouest. Sur 137 pays classés, le Mali se classe 99e, juste devant le Botswana, le Guatemala et le Cameroun, grâce aux investissements de la loi de programmation militaire[17].

---

**15** Adam, Collier et Davies, 2008.

**16** Depuis 2006, GlobalFirepower (GFP) analyse les données concernant 137 puissances militaires modernes. Le classement GFP est basé sur la capacité potentielle de chaque pays à faire la guerre sur terre, dans les airs et sur les airs avec des armes classiques. Les résultats intègrent des valeurs liées aux ressources, aux finances et à la géographie avec plus de 55 facteurs différents qui composent la liste finale.

**17** En matière de couverture aérienne, les Famas disposent de 5 hélicoptères d'attaque et de 4 avions de transport. A terre, l'armée malienne disposerait de 206 véhicules blindés d'attaque

Par exemple, avec la guerre au Mali, depuis l'éclatement de la rébellion en 2012, les dépenses militaires avec la loi de programmation militaire sont passé à 76 millions de dollars, soit 139 fois plus petit que le budget de défense de l'Algérie (27e mondial), il en est de même pour le Niger, qui, faisant face aux mêmes types de menaces, a consacré en 2012 environ 4,2 %[18] de ses ressources à des dépenses exceptionnelles pour l'armées.

Pour le Niger, la dégradation rapide de la situation sécuritaire dans ses pays voisins (Nigeria, Libye et Mali) l'a forcé à porter son attention vers l'extérieur et la sécurité´ avant tout le reste. Doté d'une armée modeste, le gouvernement a été´ amené´ à engager des dépenses d'équipement importantes pour ses troupes, en particulier, pour sa force aérienne[19]. Cet effort s'est maintenu les années suivantes comme en témoigne l'achat en octobre 2014 d'un avion de renseignement à 10 millions d'euros. Ces dépenses, nécessaires pour assurer la survie de l'État Nigérien menacé sur trois de ses frontières, rognent sur les autres postes budgétaires comme le déclarait le ministre de l'Intérieur : « C'est de l'argent que l'on prend à l'éducation et à la santé ».

**18** En 2012, le budget du Niger s'élevait à 1 038 milliards de francs CFA, soit 1,58 milliard d'euros.

**19** Le Niger s'est doté en février 2013 de deux chasseurs à réaction SU-25. Touchard L., « Le Niger déploie ses premiers avions à réactions, deux Sukhoy SU-25 », Jeune Afrique, 1er mai 2013.

Ces investissements dans le domaine militaire, mêmes justifiés, pèsent sur le budget national. Ces exemples qui peuvent être dupliqués sur bons nombres de pays africains montrent que les États augmentent inévitablement leurs dépenses militaires car l'État cherche à étoffer sa capacité de résistance face aux forces rebelles ou terroristes.

Aussi, dans les crises de rébellion, pour rétablir la souveraineté, les forces rebelles doivent souvent être intégrées dans l'armée régulière, de manière à étoffer cette dernière comme il est prévu dans l'accord pour la paix et la réconciliation signé en 2015 au Mali. Cette intégration des forces rebelles est de nature à augmenter les dépenses de personnel des forces armées. Les différents rapports des Nations Unies sur les après conflits montrent qu'après la guerre, l'armée reste importante et influente dans le dispositif décisionnel, elle risque de faire pression pour que les dépenses militaires soient maintenues à leur niveau, ce qui renforce l'inertie naturelle des allocations budgétaires en faveur des dépenses d'investissement créatrices de plus de valeurs ajoutées. En effet, dans la pratique, le budget se fonde souvent sur l'allocation de l'année précédente.

En cela, les mesures d'anticipation des menaces sécuritaires sont, en soit, une menace contre la souveraineté économique parce que déséquilibrent les allocations budgétaires. Outre cela, il faut ajouter que les situations d'insécurité chronique dans les États, la criminalité, le grand banditisme ou le terrorisme, ont tout aussi des effets comparables sur le développement de nos États. L'insécurité devient, dès lors, une menace sur la souveraineté nationale. Les éléments suivants donnent plus d'éléments de compréhensions sur les conséquences de l'insécurité sur la sphère économique.

## B. EXTRÉMISME VIOLENT ET STABILITÉ ÉCONOMIQUE

L'immixtion du narcotrafic dans l'économie du Mali a été reconnue comme une des causes du pourrissement du régime d'Amadou Toumani Touré, de la prospérité d'AQMI et in fine de l'effondrement de l'État. Le nord du Niger et celui du Mali offrent toujours une vaste route difficile à surveiller pour les États de la région.

Le plus gros danger pour les pays comme le Mali, le Niger, la Mauritanie ou même le Burkina Faso se trouve dans la contamination de l'économie licite par l'argent de la drogue. De nombreux observateurs et acteurs de la sécurité s'inquiètent en effet du développement dans ces pays de filières présumées de blanchiment de l'argent du narcotrafic. L'insertion de l'argent de la drogue dans une économie qui a grand besoin de liquidités et d'emplois constitue une menace de taille pour les autorités des pays concernés car la lutte contre les trafiquants demandera d'offrir des alternatives licites aux citoyens impliqués dans ces activités illicites qui, désormais, fonctionnent comme de véritables entreprises multinationales.

Dans l'immédiat, ce qui apparaît comme la menace la plus sérieuse pour les États du Sahel pourrait bien se trouver plutôt dans les confins du Sahara. La découverte en avril

2014 d'un important gisement d'or dans le plateau du Djado, à l'extrêWesses dans ces zones reculées a aussi attiré des bandes armées qui sillonnent la région et détroussent les mineurs.

La persistance de la situation d'anarchie en Libye et le maintien des voies de passage illicites dans le même secteur pourraient produire un mélange détonant d'argent, de trafiquants et de groupes radicaux armés au cœur du Sahara avec un impact considérable sur la jeunesse de ces localités en quête de perspectives.

Il faut rappeler qu'en termes d'indicateur sur le chômage, les pays touchés par ce fléau présentent les mêmes indicateurs.

Dans nos pays, le chômage touche les populations de façon à la fois directe et grave. D'un point de vue théorique, face à la difficulté d'adaptation à son train de vie, le ménage s'endette. Dans ces localités d'extrême pauvreté et de manque de perspectives, marginalisés, les jeunes découvrent un vide existentiel, d'absence de repère temporel pour structurer leur quotidien. Dès lors, ils deviennent des candidats potentiels pour l'enrôlement dans les activités illicites ou dangereuses comme l'orpaillage traditionnel.

En effet, la possibilité d'une corrélation positive croissante entre le chômage, la délinquance et l'enrôlement dans les mouvements djihadistes est aujourd'hui amplement démontrée. La théorie économique nous enseigne que face à la détresse que l'inactivité impose à l'humain, le désire de se sentir occupé par tous les moyens devient une autorité.

Par ailleurs, il convient de noter d'un point de vue économique que le chômage fruit de l'insécurité ou non, conséquences de l'insécurité ou non, est un gaspillage des ressources humaines. En effet, la population inoccupée pourrait potentiellement contribuer à accroitre la richesse nationale en augmentant la productivité globale de l'économie, mais qui, à l'évidence, demeure inactive. **Les volontés politiques peuvent inéluctablement impacter le niveau du chômage, et ce, à travers les réels programmes de formation, les systèmes d'assurance chômage, les législations sur les salaires minimums et celles relatives à la négociation collective des salaires mais aussi des conditions des travailleurs. Sans quoi, l'instabilité sécuritaire se traduit par une instabilité économique favorisant le chômage chronique et la fuite des cerveaux, des capitaux et le manque criard d'investissement.**

### C. MENACES SUR LE CAPITAL HUMAIN (MAIN D'ŒUVRE) : FUITE DES CERVEAUX.

Face aux incertitudes sécuritaires, dans un contexte de mondialisation caractérisée par une mobilité parfaite des capitaux, des services et des personnes, il est de plus en plus difficile d'anticiper l'avenir, ce qui entraîne une multiplication des comportements opportunistes chez les agents privés. En effet, en situation de menaces, qu'elle soit politique, juridique ou sécuritaire, les acteurs économiques (agents et entreprises), à mesure que l'avenir devient incertain, sont davantage incités à saisir les opportunités qui se présentent. Par exemple, les opérations de crédit peuvent se révéler particulièrement difficiles, favorisant ainsi un chômage accru et une tension sociale tendue découlant de ce ralentissement dans les mécanismes d'investissements privés. Ce comportement « opportuniste » est à la base de la fuite des cerveaux du continent, en proie à toute forme de menaces, ce qui réduit la productivité dans toutes les activités qui dépendent normalement d'un facteur de confiance et de ressources humaines qualifiées.

La fuite des cerveaux apparait donc, comme l'un des multiples aspects de ces mouvements migratoires. Il s'agit d'un phénomène qui se laisse définir généralement *comme « le départ d'un pays à un autre de personnes instruites ou diplômées disposant d'une compétence professionnelle, à la recherche d'un emploi ou d'une meilleure condition de travail. »*. En tant que phénomène international, la question de la fuite des cerveaux est devenue l'une des préoccupations majeures des décideurs politiques, des organisations internationales et surtout, un objet d'étude prioritaire des politiques étrangères des États et des relations internationales.

**Continent le plus touché par la fuite des cerveaux, l'Afrique perd chaque année près de 20 000 professionnels qui s'exilent, soit 10 % de sa main d'œuvre qualifiée. Au moins 16 pays africains auraient perdu du fait de ce phénomène 51 à 76 % de leurs médecins formés, alors que la demande reste toujours très forte sur le continent. Le pourcentage de non-retour parmi les étudiants africains peut atteindre jusqu'à 83 % selon les filières.**

Si les causes sont multiples et variées, de l'inadéquation entre la formation et le marché de l'emploi, à l'inexistence de débouchés pour leurs profils, les répercussions en termes de développement frappent de plein fouet le continent dans la mesure où il se voit priver chaque année d'une partie importante de ses ressources humaines qualifiées.

Du Prix Nobel d'économie 1995, Robert Emerson Lucas Jr., nous retenons la théorie de la croissance endogène, axée sur le Capital Humain. Ce dernier est défini comme un ensemble d'aptitude, de talents, de qualification et d'expérience accumulées par l'agent économique qui, une fois utilisés dans le processus de production, déterminent la productivité de l'acteur économique.

Ainsi, un agent bien formé avec des aptitudes et qualifications élevées est un catalyseur pour la croissance économique et la dynamique de la productivité de l'économie dans son ensemble. De nos jours, l'Afrique est confrontée à un réel problème de personnel qualifié, pas parce qu'elle en a pas, mais parce que la plupart ont, soit, décidé de rester à l'Occident après leurs études, ou de partir parce que ne trouvant pas d'opportunité en adéquation avec leurs ambitions.

Malgré une existence abondante des ressources naturelles, le facteur humain est celui qui permet de mettre en valeur ces dernière et, par conséquent, de générer le capital nécessaire pour soutenir cette mise en valeur. D'où la nécessité pour l'Afrique de créer des conditions de travail attrayant pour retenir ses cerveaux. Rien que pour les médecins qui s'exilent, le continent aurait perdu, selon les estimations, près de 2 milliards de dollars comme coûts éjectés dans la formation de ces derniers qui ont fini par aller exercer leurs compétences ailleurs.

Fort de ce constat, la fuite des cerveaux qui touche l'Afrique de façon récurrente et persistante est une véritable menace pour la souveraineté de nos États parce que d'une part, il n'y a pas de retour sur investissement formation, pas d'innovation non plus la recherche et le développement.

## D. FUITE DES CAPITAUX

Comme nous venons de le démontrer plus haut, pendant un conflit, ou une insécurité rampante, la peur et l'absence d'opportunités incitent les individus à chercher refuge à l'étranger, tant pour eux- mêmes que pour leurs actifs. Les mieux placés pour s'expatrier sont ceux qui disposent de qualifications : ils peuvent plus facilement financer leur émigration et sont mieux accueillis dans le pays hôte. Par conséquent, le pays d'origine perd ses travailleurs qualifiés: l'hémorragie des qualifications s'accompagne d'une fuite des capitaux. Les individus déplacent leurs actifs à l'étranger pour les mettre en sécurité et parce que le retour sur investissement dans leur pays diminue à mesure que sa situation économique se dégrade. Il en résulte une grave pénurie de compétences, une diaspora importante, un effondrement de l'investissement privé et une accumulation de richesse privée à l'étranger.

Cependant, le problème de la fuite des capitaux en provenance de l'Afrique n'est pas nouveau. Il est même prouvé qu'il s'accentue. Les études récentes réalisées révèlent que ces fuites illicites se sont accélérées au cours des deux dernières décennies, alors même que le secteur des ressources naturelles était en plein essor et que la croissance enregistrait un rebond.

Les preuves apportées par ces études révèlent deux faits empiriques importants. Premièrement, elles montrent que l'Afrique détient un stock de capital privé bien inférieur à celui des autres régions. Mais en même temps, les acteurs privés africains affichent une « préférence nationale inverse », en ce sens qu'ils ont tendance à détenir une fraction relativement plus élevée de leurs avoirs à l'étranger par rapport à leurs homologues des autres régions.

D'après les données de Collier et al. (2011), 40 % des capitaux privés de l'Afrique sont détenus à l'étranger sous forme de fuites de capitaux, soit le ratio le plus élevé de l'ensemble des régions en développement. Deuxièmement, la fuite des capitaux représente une charge relativement plus lourde pour les économies africaines par rapport aux autres régions, tant en termes de manque à produire (Collier et al., 2011) que du point de vue du ratio fuite des capitaux/PIB (Henry, 2012).

Ndikumana et Boyce, 2012 (actualisée 2017)[20], ont étudié l'impact de la fuite des capitaux sur l'investissement national et les coûts d'opportunité en termes de croissance de 39 pays africains reportés selon la méthode « résiduelle » de la balance des paiements incluant les fuites de capitaux imputées à la falsification des prix des transactions commerciales et aux transferts de fonds non déclarés. Il ressort que les pays africains ont perdu jusqu'à 1 700[21] milliards de dollars (en dollars de 2017) du fait de ce phénomène.

---

**20** Publié par l'Institut de recherche d'économie politique (PERI) de l'Université du Massachusetts

**21** Ce chiffre est la somme des fuites des capitaux de 35 pays d'Afrique subsaharienne (Boyce et Ndikumana (2012)) et de quatre pays d'Afrique du Nord, à savoir, l'Algérie, l'Égypte, le Maroc et la Tunisie

## SECTION IV : **LES MENACES À L'IDENTITÉ CULTURELLE ET DE LEURS CONSÉQUENCES SUR LA SPHÈRE ÉCONOMIQUE**

Face à l'universalisme culturel occidental provoqué par le dominant processus de la mondialisation, l'identité culturelle des populations africaines sont plus que jamais en péril. C'est une question qui n'est pas suffisamment abordé dans le processus d'élaboration de la politique étrangère des États africains. Pourtant, elle est au cœur de l'intérêt national car la référence culturelle est le déterminant de la conception de la nation et la grille de lecture qui permet de distinguer ce qui est immuable dans nos valeurs culturelles de ce qui ne l'est pas. En cela, **le complexe d'infériorité**, **l'assimilation culturelle** et **l'absence de compétitivité des productions culturelles africaines** tels que **le cinéma** ou **la mode** représentent une menace pour l'intérêt national dont l'une des préoccupations majeures est la protection et la promotion de l'identité nationale.

Sur le plan économique, la conséquence immédiate demeure les mutations dans notre mode de consommation et cela, à tous les niveaux. Les balances commerciales des pays africains pour leurs grande majorité restent déficitaires, ce qui dénote d'une prédominance des importations sur les exportations, donc d'une diminution de la richesse nationale au détriment des fuites de capitaux.

L'une des illustrations est de voir les consommateurs africains se vanter que tels ou tels articles sont des États Unis, d'un pays européen. Cette mentalité qui n'encourage pas le « consommer made in local » est une des plus grandes menaces en termes de dépendance économique vis-à-vis de l'extérieur.

## A. MONDIALISATION ET INTÉRÊT COMMERCIAUX

Aujourd'hui, dans le jeu dynamique de la mondialisation, la répartition des gains issus du commerce mondial engendre des disparités entre les pays du Nord et ceux du Sud. Dans les exportations mondiales, l'Afrique ne dépasse pas 3%. Le rapport économique Sud-Nord, de par sa spécificité, est ainsi remis en cause. Les pays du Sud, dans leurs activités économiques avec les pays du Nord, rencontrent de nombreux problèmes parmi lesquels :

- **Les termes de l'échange :** qui exprime le rapport entre l'indice des prix à l'exportation et celui des importations. Une amélioration de cet indice se traduit par une amélioration des prix à l'exportation, et donc une baisse de la compétitivité-prix de l'économie en question. Les économies Africaines, étant en majorité en leur phase d'insertion primaire, n'échangeant que des matières premières, sont structurellement confrontées à un déficit de leur balance commercial, et donc une détérioration des termes à l'échange puisqu'elles importent plus qu'elles n'exportent.

- **Endettement extérieur :** la dette extérieure d'un pays est l'ensemble des dettes engagées par les acteurs économiques de ce pays avec ceux du reste du monde. Dans ces différents mouvements de capitaux, l'accès à ces crédits étrangers est lié à l'application de certaines politiques d'ajustement structurelles qui, bien souvent, ne sont en adéquation avec les réalités structurelles des économies du Sud.

- **Transferts de technologies :** Les accords de partenariat signés entre les économies du Nord et celles du Sud se limitent aux aspects relatifs aux barrières tarifaires et non tarifaires n'incluant pas ainsi le transfert de technologie qui constitue un facteur déterminant dans la productivité d'une économie.

Au niveau de ces différentes difficultés, les économies du Sud sont tributaires des politiques commerciales des pays du Nord, et des accords commerciaux libéraux. En effet, ces accords commerciaux, fondés en grande majorité sur la suppression des barrières douanières, exposent les entreprises du Sud à une concurrence insoutenable. **Les subventions et les autres aides financières que bénéficient les entreprises du Nord, notamment dans le domaine agricole**, constituent des menaces et rendent le prix de leur produit en concurrence avec les produit des économies du Sud relativement bon marché. Dans une dynamique de globalisation où la suppression des barrières tarifaires et l'intégration des économies constituent le moteur ; cette situation tue l'industrie qui, aujourd'hui, ne dépasse pas en moyenne 12pc pour tout le continent Africain.

De tout temps, l'histoire de l'évolution du commerce international a montré que l'échange entre les nations est profitable aux économies si celles-ci arrivent à s'adapter à la concurrence, et répondre aux demandes diverses des consommateurs. En effet, la balance commerciale étant un élément constitutif de la croissance économique, elle demeure déterminante dans l'appréciation du bien-être économique d'une population donnée. Une balance commerciale excédentaire traduit un surplus d'exportation sur l'importation, ce qui engendre une rentrée des devises étrangères, stimule l'investissement et contribue à l'augmentation du bien-être économique. Inversement, le déficit de la balance commerciale traduit une sortie de devise nationale, cela induit une baisse d'investissement et dégrade ainsi le bien-être économique par la contraction des activités des agents économiques.

## B. LA CORRUPTION ET L'IMPUNITÉ, MENACES À L'INTÉRÊT NATIONAL :

L'ambition d'un développement économique et harmonieux passe nécessairement par la moralisation de la vie publique et la lutte contre la corruption. Pour des pays en voie de développement comme ceux de l'Afrique, confrontés à d'énormes problèmes de développement structurel, le phénomène de corruption apparait comme un frein. En cela, la pratique de ce phénomène notamment dans le secteur public, met considérablement en mal la crédibilité et l'image des pays africains dans leurs relations avec le monde extérieur, principalement, les institutions économiques et financières internationales.

1. LA CORRUPTION DANS LA GESTION DES RESSOURCES PUBLIQUES :

La manifestation de la corruption dans la gestion des ressources publiques révèle un malaise trilogique dans le management de gouvernance en Afrique : l'absence de contrôle et l'impunité, le manque d'intégrité chez le personnel administratif et politique et enfin, le manque de transparence dans la gestion des affaires publiques.

2. L'ABSENCE DE CONTRÔLE ET L'IMPUNITÉ :

La nécessité d'un contrôle de qualité dans l'action publique et dans la gestion des ressources de l'État pour une meilleure efficacité a donné naissance à des méthodes de contrôle scientifique dites « Évaluation des politiques publiques ». Grâce à des outils scientifiques, l'évaluation des politiques publiques permet de mesurer l'efficience de l'action de l'État en mettant en rapport cette action avec les objectifs initiaux et les résultats obtenus.

Cette pratique qui doit porter sur l'ensemble des projets et politiques publiques de l'État relève du ressort des députés de l'Assemblée Nationale qui doivent en assurer l'exercice, conformément au principe démocratique de séparation et de contrepouvoir institutionnel.

L'absence de telles pratiques de contrôle scientifique dans la vie institutionnelle des États africains maintient ces derniers dans un environnement de corruption généralisé, encouragé par un climat d'injustice.

## 3. LE MANQUE D'INTÉGRITÉ CHEZ LE PERSONNEL ADMINISTRATIF ET POLITIQUE

La corruption des fonctionnaires de l'État est une infraction condamnée par le code pénal[22] malien qui prévoit à cet égard des peines de réclusion allant de cinq jusqu'à dix ans. Le manque de rigueur dans l'application des dispositions législatives a conduit les agents de l'administration à s'en donner à la petite et grande corruption allant de la simple concussion à la prise illégale d'intérêt.

Ce fléau révèle un déficit d'intégrité chez bon nombre d'agents de l'administration ainsi que de responsables politiques sous la responsabilité desquels ils sont placés.

La corruption électorale est également une réalité. Elle concerne à la fois les citoyens ainsi que les responsables politiques et est encouragée dans les pays africains par un fait typiquement africain qui est celui de l'absence d'une réelle alternance pour les postes de direction au sein des partis politiques.

## 4. LE MANQUE DE TRANSPARENCE DANS LA GESTION DES AFFAIRES PUBLIQUES

Du fait de leur caractère public, la gestion des ressources publiques requiert une plus grande transparence. Ceci contraint les agents de l'État à faire une déclaration des biens et fortunes avant la prise solennelle de leur fonction

---

**22** Article 120 du code pénal malien en vigueur.

afin de permettre aux citoyens de mesurer l'évolution de leur richesse pendant qu'ils sont au service de la nation. Le manque d'observation de ce principe en Afrique entache la qualité de la démocratie sur le continent et participe à l'exacerbation de la corruption dans le secteur publique et dans les institutions de l'État. Ce problème de manque de transparence s'impose également dans le processus de passation des marchés.

## 5. LA CORRUPTION ET L'ORGANISATION INSTITUTIONNELLE

Le principe de la séparation des pouvoirs est un gage de sécurité contre les dérives politiques dans les régimes démocratiques. Il est, en cela, un moyen de lutter contre la corruption dans la mesure où l'équilibre et le contrôle sont garantis entre les institutions. La réalité de la vie institutionnelle au sein des États africain est marquée essentiellement par la prééminence du Président de la République sur les autres institutions. Le pouvoir de nomination que le Président détient à l'égard des magistrats de la cour constitutionnelle et de la cour suprême est une source de corruption politique et électorale entre ces différentes institutions.

Cette faculté de nomination engendre implicitement un lien de subordination des magistrats à l'institution du Président de la République. Ceci apparait comme une menace à la bonne gouvernance et à l'indépendance des institutions entrainant une confusion d'ordre et une subordination du pouvoir judiciaire au pouvoir exécutif. Par ailleurs, la centralisation du pouvoir et l'éloignement de l'administration publique aux citoyens par faute de décentralisation dans la gestion des affaires publiques sont d'autres facteurs qui incitent les citoyens ainsi que le personnel administratif à s'en donner à la corruption.

# CHAPITRE IV : **LES POLITIQUES DE PRIVATISATIONS ISSUS DES PROGRAMMES D'AJUSTEMENTS STRUCTURELS SOUS L'IMPULSION DES GROUPES DE PRESSION, UNE AUTRE MENACE SUR LA SOUVERAINETÉ NATIONALE**

## SECTION I : **GENÈSE DES PROGRAMMES D'AJUSTEMENT STRUCTURELS**

Le début des années 1980 fut dominé par une crise de la conjoncture économique internationale. En effet, les évolutions subies par le système monétaire international en 1971 [23], ont continué de jouer son rôle de devise internationale à hauteur de plus de 80pc des échanges mondiaux, surtout, sur le marché des hydrocarbures et les matières premières. S'en est suivi l'emballement des prix avec les deux chocs pétroliers (1973, 1979)[24]. Ces fluctuations des prix ont continué en 1980 avec l'instabilité du cours du dollar.

Les économies africaines de l'époque, majoritairement dépendantes des recettes d'exportation, se découvraient tributaires des tempêtes sur le marché international. Cette instabilité des prix a causé une baisse des recettes d'exportation et envenimer le déficit structurel des balances

---

**23** Notamment l'épilogue des principes commerciaux des accords de Bretton Woods et de la GATT qui étaient fondée sur la fixité des parités, le dollar, bien qu'après une première dévaluation à l'époque,

**24** Phénomène qui traduit la brusque hausse du prix du pétrole en 1973 et 1979, qui influença négativement la croissance économique mondiale.

commerciales des pays Africains. Le solde commercial, étant un élément de la croissance économique, toute dépréciation de cette dernière engendre la baisse de la croissance économique. La croissance économique, étant est un des outils qui permet d'évaluer le bien-être économique, sa baisse induit celle du bien-être collectif, et de facto, provoque des crispations sociales.

Les États Africains ont été confrontés à de sérieuses difficultés économiques et financières ayant pour origine une conjugaison des facteurs exogènes défavorables et la défaillance de politiques économiques et financières fortement interventionnistes. A cela, s'ajoute la faible compétitivité des produits manufacturiers et l'enclavement territorial d'un grand nombre de pays en développement, une situation géographique qui n'est pas sans conséquence sur les coûts de production. C'est dans ce climat de souffrance « économique » que les pays ont recours aux politiques d'ajustement structurelles en vue d'intensifier les productions et de relancer l'économie.

Fort de ce constat, les institutions de Bretton Woods ont estimé essentielle l'application d'un certain nombre de mesures structurelles visant à transformer la nature des économies africaines. Ainsi naquirent les politiques d'ajustement structurelles qui traduisent un ensemble de réformes élaborées et mise en place par le FMI et la Banque Mondiale. L'objectif général étant d'aider les pays du tiers-monde en leur permettant de sortir de la crise économique engendrée par la dette publique, les chocs pétroliers des années 70 et surtout, la baisse du prix des matières premières sur le marché international.

C'est ainsi que l'élève modèle des politiques d'ajustement depuis 1981, la Côte d'Ivoire s'est déclarée en cessation de paiement en mai 1987. Premier pays africain bénéficiaire d'un prêt d'ajustement structurel de la BIRD[25] (en 1980), le Sénégal est sous perfusion depuis lors. Contraint par la pénurie de devises d'appliquer les conditions du FMI, Madagascar va de dévaluation en dévaluation sans qu'aucun rétablissement ne soit en vue. La liste pourrait être allongée... Il y a très peu de pays d'Afrique noire qui ne soient ainsi surendettés et engagés dans des programmes d'ajustement dont on ne voit guère le terme. Elle pourrait également être complétée par une longue suite de témoignages alarmants sur la dégradation des conditions de vie des populations : émeutes face au renchérissement des produits de première nécessité comme en Zambie, progression de la malnutrition et apparition de la faim comme à Madagascar, ou encore, dans la plupart des pays — dont le Sénégal et la Côte d'Ivoire —, stagnation ou dégradation des services sociaux de base, comme la santé ou l'éducation, et appauvrissement de couches importantes de la population.

**Cependant, ces politiques d'aides aux pays pauvres n'étaient pas sans conditions**. Elles reposaient sur des conditionnalités dont entre autres l'austérité budgétaire,

---

**25** Banque Internationale pour la Reconstruction et le Développement, composante du groupe de la Banque Mondiale

la privatisation des industries publiques, la lutte contre la corruption et le clientélisme, mais aussi et surtout, la libéralisation de l'économie. Les coûts humains de ces politiques en termes de conséquences sociales dus notamment à la diminution de l'aide dans les domaines de la santé, de l'éducation et des infrastructures, ont été largement vécus, tant par les populations concernées que par l'État.

Les reformes relatives aux politiques d'ajustement structurelles dans leur application ont eu et continuent d'avoir d'énormes effets sur la situation économique des pays en développement selon la fonction des agents économiques, qu'ils soient producteurs, consommateurs ou État :

## A. IMPACT SUR LES PRODUCTEURS

Fondés sur une économie de marché, les programmes d'ajustement structurels ont prôné la suppression des barrières douanières dans une économie internationale où les industries des pays sous-développés, en l'occurrence Africains, ne sont pas suffisamment outillées pour faire face à la dynamique du commerce international. Dès lors se pose la problématique de la résistance du tissu industriel de ces dernières, et donc de l'emploi.

Il convient de rappeler que ce sont les industries qui créent de la chaine de valeur, laquelle permet de réduire le taux de chômage, source de crispation sociale. En effet, les mesures de limitation des subventions et transferts Étatiques au profit des producteurs, la libéralisation des prix des matières premières, l'accroissement du taux d'intérêt sont des stratégies qui défavorisent l'investissement, et sapent la dynamique de la conjoncture structurelle.

De fait, cette baisse d'investissement par une relation d'effet de causalité, engendre une diminution de la croissance économique et donc du bien-être économique. De surcroit, la libéralisation des prix des matières premières, en particuliers les produits agricoles, limite l'intervention de l'État dans ce secteur et expose les agriculteurs à une non-protection dangereuse.

## B. IMPACT SUR LES CONSOMMATEURS

La production et la consommation s'impliquent mutuellement. L'accroissement du taux d'intérêt, doublé des mesures de limitation des politiques de subvention et de transfert de revenus engendre des baisses de chiffre d'affaire des entreprises qui se découvrent dans une situation d'incapacité de supporter la masse salariale. Ces mesures ont été source de milliers de licenciements en raison des privations et de la réduction des effectifs de la fonction publique. Ce fut la période où le chômage s'est aggravé affectant particulièrement les jeunes diplômés qui se sont retrouvés face à un blocage de recrutement dans la fonction publique. Ce fait a engendré des effets négatifs sur le revenu et le niveau de vie des couches défavorisées[26].

Les réductions des dépenses gouvernementales ont induit la hausse des prix de ***l'électricité et le transport*** de plus de 20pc, mais aussi et surtout des soins de ***santé***. L'esprit de gratuité de certains soins publics, incarnation de la stratégie sanitaire des années 1960 des pays africains d'inspiration socialistes, s'éclipse et laisse place à un système de compensation des subventions sanitaires par une dépense venant des ménages eux-mêmes. Ce qui s'est traduit par une augmentation de prix des médicaments qui joue sur le pouvoir d'achat des ménages et diminue le train de vie des ménages.

***L'enseignement*** est aussi un secteur qui subit les conséquences de ces reformes à vocation libérale. En effet, la baisse des parts des dépenses allouées à l'enseignement, de l'imposition des limites aux droits d'inscriptions dans les écoles publiques a été accompagné par l'augmentation des effectifs des populations qui aspirent à l'instruction, et favoriseront par la suite d'une dynamique mal encadrée de privatisation a tout bout de champ. Pire, c'est la vocation de l'école qui a été remise en cause par ces mesures. A l'aune des indépendances, l'enseignement national s'était fixé l'objectif de servir de moteur de croissance pour l'économie par la formation de capital humain de qualité au

**26** L'augmentation du prix des denrées de première nécessité et du carburant à la suite de la dévaluation a affecté le pouvoir d'achat de ces couches.

profit des « écoles-industries » de l'époque comme conçues par exemple du Mali de Modibo Keita. Avec les PAS, le résultat s'est soldé par une formation ne répondant pas aux besoins dynamiques du marché de travail.

Par ailleurs, il faut souligner que les contraintes budgétaires imposées par les programmes ont entraîné le report de certains projets de développement nécessaire à l'amélioration des conditions de vie d'une partie de la population tel que le modèle d'industrialisation par substitution à l'importation.

## SECTION II : **NOUVEAU TYPE AGENT-ÉTAT**

Les ajustements structurels ont profondément bousculé la fonction économique des États africains. En effet, le système d'économie de marché est fondé sur le libre ajustement entre l'offre et la demande agrégées, le marché s'autorégule de lui-même. Les secteurs essentiels de l'économie malienne sont caractérisés par un encadrement : l'État se veut régulateur. Porteur des politiques industrielles volontaristes, il matérialisait son statut de régulateur en dernier ressort du marché : c'était le modèle d'industrialisation par l'approche de l'État. Ce modèle d'industrialisation par substitution des importations a permis de créer diverses industries qui produisaient pour la satisfaction des demandes intérieures, et au-delà, exportaient pour le marché étranger.

L'approche avait comme objectif de permettre la double indépendance politique et économique en réduisant la forte dépendance de l'économie nationale vis-à-vis de l'étranger, mais aussi permettre une rentrée considérable des devises étrangères en fabricant des produits destinés à exporter. Le développement économique était fondé sur des bases structurelles prometteuses.

Parce que capable d'assurer en plus des fonctions régaliennes, les États Africains de l'Independence s'étaient inscrits dans une fonction d'État Providentiel. Les ajustements structurels ont supprimé cette forme d'État régulateur et permis une certaine faiblesse de l'État de s'installer. En effet, l'économie des pays en développement qui repose essentiellement sur le secteur primaire dont les leviers principaux sont l'agriculture et l'élevage sont devenus fortement vulnérables aux aléas climatiques, aux fluctuations des cours mondiaux et à des ajustements inadaptés à leurs spécificités économiques.

Forts de ces constats, il apparait évident que les programmes d'ajustements structurels ont été et continuent d'être pour les pays africains une véritable menace sur les intérêts nationaux.

## C. POIDS DES BAILLEURS ET INFLUENCE DE L'EXPERTISE EXTÉRIEURE

La situation africaine se caractérise également par un rôle important d'acteurs extérieurs dans les processus de décision. Les bailleurs de fonds (FMI, Banque mondiale, UE en particulier) interviennent à la fois dans la diffusion d'idées économiques orthodoxes et dans les processus de décision des politiques. C'est ainsi que les documents de cadre de réduction de la pauvreté, les schémas directeurs de gouvernance, les documents stratégiques de relance économique, sécuritaires, sont tous élaborés avec la participation active des groupes de pressions, ONG et Institutions internationales[27]. Cette « coopération » avec les bailleurs et organisations internationales se traduit parfois par une « exogénéisation » complète des processus de formulation des politiques. Une telle configuration mène évidemment à s'interroger sur la légitimité des processus de consultation d'élaborations de stratégies qui se trouvent confiés à des intervenants extérieurs.

Un tel encadrement extérieur des analyses et de l'expertise dans la formulation des politiques en Afrique ne favorise ni l'appropriation du débat par les élites concernées, ni son développement dans la sphère publique, et empêche la mise en place de phénomènes d'apprentissage et de capitalisation des expériences par les acteurs. De même, l'absence d'une classe intellectuelle active, capable de faire le lien entre État, société civile et bailleurs extérieurs pénalise l'émergence d'un débat nourri sur les politiques publiques, phénomène renforcé dans le domaine agricole comme ailleurs par le fait qu'une partie significative et croissante des élites africaines est formée dans les pays industrialisés (en particulier aux États-Unis et dans l'UE), d'où elle tire une grande partie de ses référents intellectuels et pratiques.

---

**27** A titre illustratifs, la FAO par exemple a été étroitement associée à l'écriture de la PAC du COMESA, comme à celle de la stratégie agricole commune de la CEMAC.

## CONCLUSION GÉNÉRALE

Nous venons de le voir tout au long de cette étude, qu'au-delà des problèmes de définition du concept d'intérêt national et de ses implications, le rôle de l'État est central dans le processus de sauvegarde de l'intérêt national et dans ce processus, la recherche de la solidité des institutions et des mécanismes de création de richesses pour le bien-être collectif, sont au centre de l'action publique face aux exigences de l'environnement internationale.

Nous avons donc dans ce travail, essayer d'analyser les intérêts nationaux des pays du continent Africain dans un contexte de mondialisation, ou s'imbriquent les problématiques relatives à la politique internationale, l'économie notamment, les investissements directs étrangers et les aides publiques au développement, l'universalisme culturel, l'immigration, la fuite des cerveaux, la santé, l'extrême pauvreté, l'insécurité et l'extrémise violent et ses conséquences en termes de chômage, nos rapports avec les groupes e pressions que sont les institutions internationales et ONG. Dans un premier temps, l'analyse nous a permis de mettre l'accent sur la gestion de la terre en Afrique, premier secteur porteur de la plupart des économies du continent, l'Agriculture intensive que font les multinationales étrangères avec l'utilisation des OGM et leur conséquence sur la souveraineté nationale.

Ensuite, dans nos investigations, nous sommes arrivés au constat que des phénomènes comme le chômage, la rébellion, les guerres civiles, le terrorisme avec leur implication économique, les fuites de capitaux constituent des menaces graves pour la stabilité et le maintien de la souveraineté. Mais aussi, des accords et traités commerciaux mal coordonnées, la perte de l'identité culturelle, la corruption systémique, constituent d'une part des sources de fragilité des balances commerciales des pays africains et, d'autre part, des sources de déstabilisation de l'organisation institutionnelle. Enfin, une étude a été consacrée aux programmes d'ajustement structurels en tant que menace pour la souveraineté nationale et leur conséquence sur la fonction que doit jouer les États dans la régulation des économies Africaines.

En somme, l'intérêt national doit, à plusieurs niveaux (économique, politique, culturel), être aujourd'hui, plus que jamais une préoccupation majeure des États africains, puisque c'est l'existence et la pérennité du continent qui se découvrent en question. Le concept demeure cependant sans contenu fixe dans la mesure où, l'intérêt national est, dans sa détermination et dans sa conduite, ce que les hautes autorités politiques auront décidé comme tel. Il n'est donc pas un dogme, encore moins un principe immuable. Il varie et change selon les exigences de la conjoncture nationale et internationale. L'intérêt national en temps de guerre (vaincre l'ennemi ; protéger la vie des personnes et leurs biens ; sauvegarder les institutions etc.) n'est donc pas l'intérêt national en temps de paix (promotion des valeurs de la démocratie ; promotion du multilatéralisme; renforcement de la compétitivité économique etc.). Il apparait donc que les intérêts nationaux des pays sont en perpétuelles mutation et doivent être ajuster en permanence pour leurs sauvegardes.

Qu'à cela ne tienne, la nature versatile du concept ne doit pas faire perdre de vue, le fait qu'il s'agisse d'un concept qui ne peut pleinement se comprendre qu'à la lumière des réalités sociopolitiques et économiques des États. Pourtant, la préoccupation majeure de l'État moderne en Afrique est axée, essentiellement sur la sécurité ; la défense ; la gouvernance ; l'emploi des jeunes ; les inégalités sociales ainsi que la lutte contre la pauvreté. Toutes ces problématiques renvoient aux défis que doivent relever les États africains à l'heure de la mondialisation et du multilatéralisme politique et économique. Ceci, par ricochet, renvoie à la question des moyens pour un pays de défendre son intérêt national. Ces moyens, dont entre autres l'armée, la diplomatie, l'indépendance économique, l'influence géopolitique… constituent ce que les politologues appellent « les marques de la puissance » d'un État. Dans chacun de ces aspects, les intérêts doivent être préservés.

Il s'ensuit que la stabilité politique et institutionnelle, nécessaires au développement et à la préservation de l'intérêt national, implique aujourd'hui une reconstitution des forces régaliennes de chaque pays africain. Les défis sociaux liés notamment aux déséquilibres démographiques, commandent une forte initiative des pays africains à engager de véritables politiques publiques de développement en matière d'agriculture, d'eau, d'électricité, d'infrastructures de transports et de télécommunications, d'industrie ainsi que de politique d'éducation à la santé ; à l'environnement ; à la citoyenneté et aux droits de l'Homme.

L'Afrique a davantage de ressources et d'atouts, mais les États y sont fragiles, ce qui représente en soi, une forme de menace à l'intérêt national. Car, comme il est coutume de le dire depuis Paul Valéry, « si l'État est fort, il nous écrase. S'il est faible, nous périssons. » L'enjeu de la sauvegarde des intérêts nationaux de nos pays réside dans notre capacité à reconstruire nos États pour faire face aux défis du moment.

Nous l'avons vu également, le renseignement et l'information sont des aspects essentiels de tout processus de décision. Connaître l'environnement dans lequel on opère, s'informer sur les intentions d'une entité, anticiper les perspectives d'évolution, prévenir les menaces potentielles, saisir les opportunités susceptibles de se présenter ; tous ces éléments participent à une prise de décision efficace et cohérente. Toutefois la qualité d'un système de renseignements se mesure surtout aux connaissances des analystes des situations.

La longévité des équipes constitue également un atout, difficile à obtenir, dans les organisations où les conflits de pouvoirs sont importants. On a beau multiplier les éléments techniques, les sources d'information, les fonds documentaires, le renseignement, s'il n'est pas exploité correctement et dans le bon temps, mène tout droit aux faillites économiques, financières, militaires... et politiques.

Dans un contexte international de plus en plus complexe, caractérisé par de nombreux défis, des enjeux importants et multiformes, la sécurité globale, la défense nationale, la protection des populations et les intérêts vitaux de sécurisation des frontières constituent autant de préoccupations stratégiques. Il s'agit de paramètres qui impliquent un certain nombre d'impératifs tels que la maitrise des méthodes et techniques de prospectives et d'anticipation, d'élaboration de visions stratégiques à court, moyen et long terme. Une meilleure compréhension des enjeux en relations internationales s'avère également nécessaire.

La complexité grandissante de l'environnement sécuritaire des États Africains commande la maitrise des techniques d'analyse et de raisonnement indispensable à tous les échelons des administrations centrales et des entreprises. Les structures d'analyse et d'exploitation des informations stratégiques au niveau national, sous régional et continental doivent être animées par des équipes de professionnels de haut niveau capables d'apporter une aide efficiente à la décision publique.

Ces équipes, à quelque niveau où qu'elles seront placées et dans chacun des États concernés serviront à contribuer à l'acquisition de clés de compréhension indispensable, à replacer les informations dans une perspective dynamique et constructive, à déterminer les enjeux et à élaborer des propositions pertinentes et réalistes.

Une approche historique des relations internationales et des grandes mutations des organisations, une maîtrise certaine des cadres nationaux, africains et internationaux du droit des conflits armés, des politiques nationales et africaines de défense et de sécurité communes aux États africains permettront de cadrer les conflits et les crises dans leurs différentes dimensions. D'où la nécessité sinon l'obligation pour les États africains de s'approprier les formations très poussées au profit des professionnels de l'information pour faire face aux nouvelles formes de menaces telles la cyber sécurité et la cyber défense.

En effet, la dynamique internationale actuelle nécessite d'acquérir un bon réflexe d'anticipation

Maitriser les techniques de prospective, travailler efficacement sur les stratégies des différents acteurs en établissant leur cartographie et leurs rapports de puissance, élaborer des propositions d'options stratégiques et de mode d'action d'appréhender les risques et d'optimiser les propositions constitueront les préoccupations majeures des décideurs africains.

L'objectif à court, moyen et long terme consistera à avoir une vision globale des menaces. Une maitrise des mutations de la sécurité et de la défense tant au sein des administrations centrales, des collectivités locales que des entreprises fera l'objet d'une attention particulière par le biais de mécanismes d'analyse et d'exploitation de l'information stratégique.

L'organisation du cadre de l'information stratégique tiendra largement compte de la compréhension indispensable de l'environnement international actuel et de son évolution.

Toute forme de gestion de l'information stratégique ne tenant pas compte des aspirations profondes des populations, de la spécificité des réalités de chaque pays, de la connaissance des enjeux géopolitiques et géostratégiques des puissances étrangères, de l'environnement international pourrait ne pas atteindre l'efficacité souhaitée et les objectifs visés.

Le mot de la fin est emprunté au Colonel Kolawolé A Stéphane Serges ADEGNIKA de l'armée béninoise qui dans son ouvrage intitulé « Benin : Rallumons nos lampes » « Penser et agir différemment » recommande notamment à l'attention de son pays voire des pays francophones de l'Afrique de l'Ouest ce qui suit: « Afin que les pouvoirs publics, d'une part, gèrent des préoccupations d'ordre sécuritaire, d'ordre identitaire, d'ordre de répartition équitable des ressources naturelles et d'ordre du juste partage de l'espace national et, d'autre part, mettent sur pieds des équipes ouvertes pour gérer les idées novatrices, faire la critique d'hypothèses considérées comme admises, et prennent alors des bonnes décisions, le pays doit faire de la responsabilité nationale son leitmotiv, améliorer urgemment son système de « command an control » en créant et en structurant son « industrie de la pensée » aux fins de mieux cerner ses défis et de proposer aux décideurs politiques les solutions nouvelles et originales qui tiennent compte des particularismes nationaux ».

C'est ainsi qu'il a suggéré « une nouvelle façon de penser et d'agir » en invitant les pouvoirs publics, les élites, les medias, la société civile, les religieux, les chefs traditionnels, les associations de jeunes, de femmes et d'autres acteurs d'assumer leurs responsabilités avec rigueur et discipline, afin que les générations futures puissent hériter d'un tissu social qui préserve en permanence la dignité humaine et l'honneur de la Nation. C'est pourquoi, il faut absolument conserver le monopole détenu par l'État sur toute l'étendue du territoire national en ce qui concerne l'usage de la force armée, protéger les points sensibles matériels et immatériels, maintenir la stabilité ; au plus tôt, affirmer la stratégie de lutte contre la corruption, créer les cellules légères de conceptions susceptibles d'appuyer sur demande les élus locaux ou les spécialistes de différents secteurs, restructurer l'organe d'aide à la décision à l'échelon supra ministériel, créer, structurer l'industrie nationale de la pensée, mieux penser, mieux intégrer et bien conduire les politiques de l'amélioration de la qualité des services publics et de réduction de la pauvreté.

## BIBLIOGRAPHIE


- Adam, Collier et Davies : « Postconflict Monetary Reconstruction », Academic, 14 January 2008, disponible à l'adresse suivante : https://academic.oup.com/wber/article-abstract/22/1/87/1682354

- United Nations : « Rapport de synthèse 2018 sur l'objectif de développement durable 6 relatif à l'eau et à l'assainissement », Résumé, disponible à l'adresse suivante : UN-Water_SDG6_Synthesis_Report_2018_Executive_Summary_FR.pdf.

- Dossier Agroalimentaire : « OGM : l'Afrique à tout prix », Jeune Afrique 12 Mai 2016,

- Salami et al : « Résumé exécutif du PANSEA », 2011, disponible à l'adresse suivante : https://www.pseau.org/outils/ouvrages/resume_du_plan_d_action_national_pour_le_secteur_de_l_eau_et_de_l_assainissement_Togo_2011.pdf

- Boyce, James K., and Léonce Ndikumana, 'Capital Flight from Sub-Saharan African Countries: Updated estimates, 1970-2010.' PERI Research Report (October 2012).

- Touchard L., « Le Niger déploie ses premiers avions à réactions, deux Sukhoy SU-25 », Jeune Afrique, 1er mai 2013

## Structures éditoriales du groupe L'Harmattan

**L'Harmattan Italie**
Via degli Artisti, 15
10124 Torino
harmattan.italia@gmail.com

**L'Harmattan Hongrie**
Kossuth l. u. 14-16.
1053 Budapest
harmattan@harmattan.hu

---

**L'Harmattan Sénégal**
10 VDN en face Mermoz
BP 45034 Dakar-Fann
senharmattan@gmail.com

**L'Harmattan Cameroun**
TSINGA/FECAFOOT
BP 11486 Yaoundé
inkoukam@gmail.com

**L'Harmattan Burkina Faso**
Achille Somé – tengnule@hotmail.fr

**L'Harmattan Guinée**
Almamya, rue KA 028 OKB Agency
BP 3470 Conakry
harmattanguinee@yahoo.fr

**L'Harmattan RDC**
185, avenue Nyangwe
Commune de Lingwala – Kinshasa
matangilamusadila@yahoo.fr

**L'Harmattan Congo**
67, boulevard Denis-Sassou-N'Guesso
BP 2874 Brazzaville
harmattan.congo@yahoo.fr

**L'Harmattan Mali**
ACI 2000 - Immeuble Mgr Jean Marie Cisse
Bureau 10
BP 145 Bamako-Mali
mali@harmattan.fr

**L'Harmattan Togo**
Djidjole – Lomé
Maison Amela
face EPP BATOME
ddamela@aol.com

**L'Harmattan Côte d'Ivoire**
Résidence Karl – Cité des Arts
Abidjan-Cocody
03 BP 1588 Abidjan
espace_harmattan.ci@hotmail.fr

---

## Nos librairies en France

**Librairie internationale**
16, rue des Écoles
75005 Paris
librairie.internationale@harmattan.fr
01 40 46 79 11
www.librairieharmattan.com

**Librairie des savoirs**
21, rue des Écoles
75005 Paris
librairie.sh@harmattan.fr
01 46 34 13 71
www.librairieharmattansh.com

**Librairie Le Lucernaire**
53, rue Notre-Dame-des-Champs
75006 Paris
librairie@lucernaire.fr
01 42 22 67 13

www.ingramcontent.com/pod-product-compliance
Lightning Source LLC
LaVergne TN
LVHW051406061026
849535LV00009B/3379
* 9 7 8 2 3 4 3 2 4 5 3 7 9 *